現代若者の就業行動
― その理論と実践 ―

河野 員博 著

学文社

はじめに

　人は仕事をすることにより生計を立て，また仕事を通して自己実現する．しかし封建時代の身分制度のもとでは，仕事を選ぶ自由はなかった．また社会が近代化の途上にある場合，さまざまな社会的桎梏により必ずしも思うような職業選択ができたわけでもなかった．その意味で戦後の日本では，職業選択の自由が権利として保証され，自らの意思を職業選択に反映できる社会的素地が整ってきた．しかしそのような状況下で，果たして若者たちが十分に納得のいく仕事をみつけ，充実した人生を歩んできたかというと，はなはだ疑わしい．高度経済成長期を契機にサラリーマン社会が到来し，いつしか子どもの夢見る仕事は具体的職種というよりも「サラリーマン」でしかなくなった．生きるのに必死であった大人たちも，ひたすら進学実績のアップに汲々としていた学校も，子どもに仕事の何たるかを教えるいとまもなかった．そうであったとしても，社会が拡大再生産を続け，何とか世の中がうまく回転している間は，若者にとってベストではないにしてもベターな人生行路が開けていた．そして多くの若者が，学校から職業へとさしたる感慨もなく，巣立っていった．牢固として根付いた終身雇用制度のもとでは，最初の就職は，何にせよ人生そのものを約する出会いでもあった．通勤ラッシュでの疲れ果てた眼差し，哀愁漂う後姿，そんな様をときに見せることがあっても，自ら職に就いている現実にとりあえずは安堵し，これで良いのだと自分に言い聞かせるサラリーマンは決して少なくないはずである．

　しかし今，若者を取り巻く環境は大きく変化しつつある．これまでかろうじて維持されてきた学校から職業への道筋は，バブル崩壊後の厳しい社会情勢の中，もはや旧来の社会的イニシエーション機能を失いつつある．地球規模のメガ・コンペティションを生き抜くためとして，新自由主義という新たな論理が大人も若者も子どもも含めて全社会的に浸透しつつある．その若さと適度な学

歴で実社会へのソフト・ランディングが約束されていた若者は，一転して職業選択の重みに逢着し，ある種の戸惑いを感じ始めている．一部の敏感な若者は，自分たちがすでに成果主義・能力主義の修羅場に解き放たれようとしていることを察知しているかも知れない．それにしても，「えっ，マジかよ」というのが，多くの若者の偽らざる心境であろう．就職内定率は年々低下し，逆に新卒無業者率は年々増加する．これらの現象は，わが身を包み込む現実社会の不可解さ（時には理不尽さ）を思う余裕もなく，世にはじき出されていく若者の姿を象徴している．中には，この若さにして仕事への意欲をすでに喪失している者もいるという．

考えてみれば，若者ほど社会から置き去りにされ，目をかけられていない存在はないのではないかと思う．幼児や子どものことは，何はさておき親や保護者がまじめに考えるであろう．中高年は，自分自身や配偶者が当事者として対応するし，またできるであろう．高齢者は，身内家族がそれなりに気配りし放ってはおかれないであろう．これら大人は必要であれば，投票行動などの政治的手だても活用するであろう．ところが若者は精神的自立を期待されつつも，その実，社会システム的にはほとんど放置された存在である．それが彼ら（彼女ら）のきわめて低い投票率の故かどうかは，今ひとつ判然としないが，ともかくも世代的にブラック・ボックス化した存在である．とりわけ日本の若者は，諸外国の若者に比べ社会的な未成熟さが以前から指摘されている．職業への自覚が乏しいことも，そのひとつの現れである．そのような若者に対し容赦ないワールドワイドな市場主義の嵐が襲いかかるとき，若者の仕事探しや生きがい探索の道は果たしてどうなるのだろう．たとえば，学校教育の制度下にいる大学生を考えてみよう．「学校教育法」における大学の主たる目的は，知的能力の涵養であって，あくまでも就職指導ではない．最近でこそキャリア・セミナーなど大学の姿勢は熱心であるが，戦後長きに渡って熱心とはいえなかったというのが事実であろう．大学生の直接的仕事探しに関しては，「職業安定法」が大学の関与を認めているが，それは無料の職業紹介が《できる》に過ぎ

ないのであって，もちろん義務規定ではなく，消極的な関与でしかない．というよりも，大学生に限ればすでに自由応募全盛であって，「職業安定法」の世界は過去のものとなっている．ここにも新自由主義や市場主義の論理を戴いた企業の触手が入り込んでいる，そうも見えなくはない．誰に相談するでもなく，あたふたと内定を決め就職するものの，3年後にはその3割が退職するという．ここにきて，雇用流動化という名の制度的土壌づくりが急ピッチである．もちろん，若者も巻き込んでの話である．一見働く側からは働きやすい仕組みとなりそうだが，企業サイドからは安い人件費で使いやすくありがたい仕組みである．どう活用するかは当事者次第だが，職業や人生について余り考えることをしてこなかった若者にとって，この雇用流動化を乗り切るのは大変だと思う．若者の労働市場が，生き馬の目を抜く市場論理の草刈場にならぬよう，社会の側の配慮と若者の自覚をともに期待したい．

本書では，そんな若者の置かれた危なっかしい現状を，多少なりとも憂える立場から，いろいろと考察してみた次第である．

2004年2月

著　者

目　次

はじめに

序章　変化する若者の雇用環境 …………………………………………………1
　1　若年雇用の現状　　1
　2　新自由主義の台頭　　9
　3　雇用流動化への加速　　13
　4　〈学校から職業へ〉の見直し　　19
　5　各章の概要　　26

第Ⅰ部

第1章　コリンズの資格社会論……………………………………………………32
　1　教育資格とは　　32
　2　資格社会の本質　　33
　3　文化市場理論　　36
　　（1）文化財への需要　36／（2）文化財の供給　37／（3）共通文化貨幣　37
　4　葛藤理論　　38
　5　残された課題　　41

第2章　コリンズの社会学……………………………………………………44
　1　著作の概観　　44
　2　理論展開　　45
　　（1）1960年代後半　45／（2）1970年代　47／（3）1980年代　52／
　　（4）1990年代以降　59

目　次

第 3 章　資格社会の特質と日本的展開……………………………………62
　　1　資格社会としての日本　62
　　2　クレデンシャリズムの概念　63
　　3　クレデンシャリズムの 3 類型　64
　　4　クレデンシャリズムの社会閉鎖機能　68
　　5　クレデンシャリズムと教育の自律性　71
　　6　更なる具体化に向けて　75

第 II 部

第 4 章　日本企業の採用行動と教育資格……………………………………80
　　1　企業と教育資格　80
　　2　教育資格の機能的 4 類型　81
　　3　身分集団としての企業　85
　　4　企業主導型の選抜　89
　　5　日本的教育資格の今後　93

第 5 章　日本的学歴主義と企業本位社会……………………………………96
　　1　理論からみた学歴　96
　　2　日本社会と学歴主義　98
　　3　日本的採用システムと学歴　103
　　4　学歴の形骸化と学歴主義　109

第 6 章　日本企業の閉鎖的体質　……………………………………………114
　　1　社会的閉鎖とは　114
　　2　法理と採用行為　115
　　3　採用における社会的閉鎖　118
　　4　企業主導の社会的閉鎖メカニズム　122

5　社会的閉鎖の行方　　126

第7章　財界教育提言の変遷とその意味 …………………………………129
　　1　教育提言の変遷　　129
　　2　財界の人材観　　135
　　3　財界の教育的功罪　　139

補　論

補論1　大学進学行動にみる日本的特質 ……………………………………148
　　1　日本的な進学行動　　148
　　2　ソシオ・エコノミックス　　149
　　　（1）その由来　149／（2）新古典派経済学への批判　149／
　　　（3）消費者観　150
　　3　進学行動の経済学　　151
　　　（1）大学進学率と所得　151／（2）進学行動の2側面　152
　　4　進学の構図　　161
補論2　大学生の専攻と就職先 ………………………………………………167
　　1　学生の変質と就職行動　　167
　　2　大卒就職行動の変遷　　168
　　3　職業別にみた就職の実態　　171
　　4　求められるもの　　179

参考文献 …………………………………………………………………………181
あとがき …………………………………………………………………………183
索　引 ……………………………………………………………………………187

序章　変化する若者の雇用環境

1．若年雇用の現状

　平成15年5月22日付けの日本経済新聞（朝刊）に，ある中年フリーター河井進（仮名・43歳）のやるせない姿が紹介された．この記事は「漂流する若者たち」と題して働くことの変貌をルポするものであったが，現在，厳しい雇用状況のもとにある若者の将来を暗示するものでもあった．その中年フリーター河井の紹介部分を，すこし長いがここに引用してみよう．

　　「『職歴は菓子店販売や印刷会社の製本などアルバイトのみ』．河井は昨年末，東京都の就職支援事業『就職出前相談会』に応募．履歴書に書き込んでいくうちに，ため息が出た．都内の私立大を卒業以来，定職に就いた経験がない．親と同居で生活費には困らない．30歳を過ぎて職探しをしたが，『無理しなくてもいい』という親に甘えた．そのうち年齢制限で就職の門は閉じ，アルバイト生活は20年に及ぶ．しかし年金のニュースや，老いを迎えた親の姿を見るにつけ不安がこみ

図序-1　完全失業率の推移

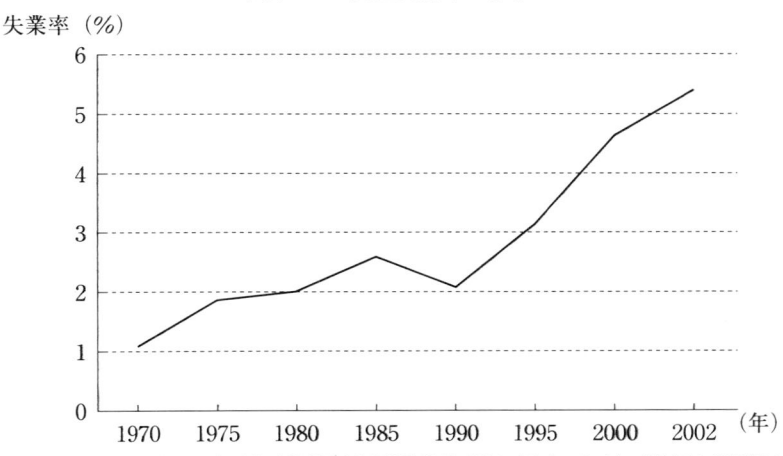

出所）厚生労働省大臣官房統計情報部編『労働統計要覧』（平成14年度）（独）国立印刷局より

上げる．『早く定職に就かないと』．ハローワークを訪ねたが経歴を見た瞬間に『難しい』．出前相談会でもキャリアコンサルタント協会理事の高岡武志（62）から『やりたい仕事や自分の長所をまず把握しなさい』と助言される始末だった．」

　40代という年齢は，年齢別の完全失業率でいえばもっとも低い年齢層である．その意味では，このケースはむしろ例外かもしれない．しかし今ささやかれているのは，10代や20代の若者フリーターや失業者たちが，このまま定職を得ることなくやがて大挙して中年になだれ込む事態である．

　現在，若者も含めて一般的に雇用事情が厳しい．それこそ，毎日の新聞で活字をみないことはないほどである．そのもっとも象徴的な数字が，完全失業率である．図序-1で示すようにバブル崩壊後の10年間で急激なカーブを描いて上昇し，2001（平成13）年からは年平均5％台に達している．昭和30年代からの高度経済成長時代には，年平均で1％台というほぼ完全雇用状態にあったことを思えば，隔世の感である．失業率の定義に違いはあるものの，近年はアメリカやイギリスの失業率を上回ることすらある．職探しに希望を失い求職活動をあきらめ，非労働力化して失業率統計に現れない潜在的失業者も相当いると推測されている．これらを含めれば，10％を超えるとさえいわれている．さらに失業の内訳をみると，非自発的離職失業者数が2002年には150万人を突破し，自己都合による自発的失業者を上回る水準となっている．長引く景気の低迷やデフレ環境は企業収益を圧迫し，リストラさらには倒産という形で有無をいわせず失業者を吐き出している．まさに，量的にも質的にも深刻な状態である．

　そこで若者に焦点をあてて，さらに近年のドラスティックな変貌ぶりをみてみよう．図序-2は，完全失業率（2002年）を年齢別に5歳きざみで表したものである．先にも示したように，労働力人口全体の失業率は右端の5％台である．しかしここでは，若者と60歳代前半の高失業率状態が浮き彫りにされている．世界的傾向でもある若者の高失業率は，日本においてもすでに相当進んでいることが分かる．もともと終身雇用制度が浸透していた日本では，学卒からほぼストレートに就職できたことで若者は低失業率が当り前であった．若者の

序章　変化する若者の雇用環境

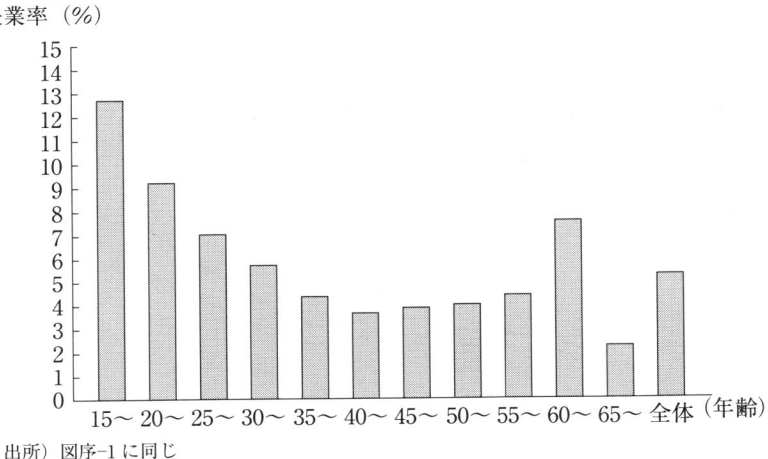

図序-2　年齢別完全失業率（平成14年度）

出所）図序-1に同じ

高失業率と社会不安に悩む欧米諸国からは，ある意味で羨ましがられたほどである．ところが，いまやこの常識も様変わりである．図序-3をみてみよう．これは1970年を起点に，年齢別完全失業率（5歳きざみ）の推移を表している．労働力人口全体の失業率推移は，図の一番下のカーブである．ところが，10代後半，20代前半，20代後半いずれも急激なカーブを描いて全体の失業率を押し上げていることが読み取れる．90年代以降のバブル崩壊の影響は，一目瞭然といえよう．とりわけ10代後半で失業状態といえば，中卒または高卒（高校中退を含む）で社会人になったものが母集団である．そこで図序-4をみると，この90年代以降，高卒の新卒就職者数が激減していることが分かる．1997（平成9）年には，大卒就職者数をはじめて下回っている．中卒の新卒就職者数はすでに1970年代から激減しているので，10代後半失業率の憂慮すべき事態は高校新卒就職状況が大きく関係しているといえよう．もちろん，この間，大学への進学率が上昇したり，また少子化に伴う卒業者の絶対数減も同時並行で進んではいる．しかし，高卒就職者数のこの劇的な落ち込みはそれらの影響だけでは説明できない．厚生労働省の調査によれば，高卒への求人は1992年の167万

3

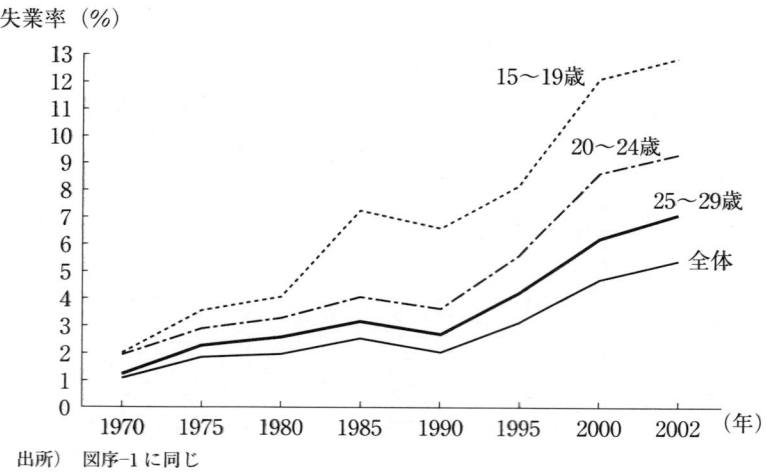

図序-3 年齢別完全失業率の推移

出所）図序-1に同じ

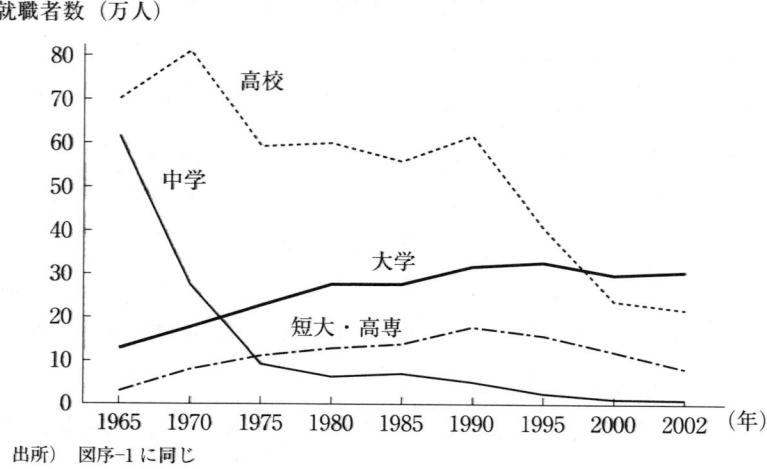

図序-4 新規学卒就職者数の推移

出所）図序-1に同じ

人から2002年には24万へと10年間で7分の1にまで減少している．本来就職したいけれども，就職できないから大学進学する者も昨今珍しくないほど，就職事情は切迫している．

　さらに最近の若者就職事情の特徴は，大卒を主体とした20代前半層の厳しさと，年齢的にも定職に納まるはずの20代後半層にみられる不安定さである．そのことは先の図序-3でも，高い失業率となって明確に示されている．もちろん，高卒で職に就けない部分が20代層にそのままなだれ込んでいる事情もあろう．しかし何といっても問題の核心は，高等教育を受けた人材が失業ないしそれに近い状況下に追い込まれている社会的不合理さではなかろうか．その点で近年注目を集めているのが，学卒無業者あるいはフリーターをめぐる問題である．完全失業者は，労働の意志はあるが定職を得られない者の比率である．しかし1980年代からの雇用流動化の中で，正規労働者と完全失業者とのはざまでフットワークの軽い労働形態が重要な位置を占めつつある．このような労働形態を，一般的にフリーターと呼んでいる．コンビニ産業などをはじめとして，業界によっては今やフリーター抜きには業務が成り立たないほど欠かせぬ存在である．ここでは，まずフリーターの定義をしておこう．図序-5は，内閣府が『国民生活白書』(平成15年版)で行ったフリーターの概念規定である．それによると，「フリーターとは，15～34歳の若年（ただし学生と主婦を除く）のうち，パート・アルバイト（派遣等を含む）及び働く意志のある無職の人」となっている．ここで注意すべきことは，学生アルバイトや主婦パートは本業があるとみなして除外し，逆に完全失業者は働く意志があるため包含され，さらに統計上は非労働力化している一部の職探し断念組も労働意志がある場合は包含されている点である．現実の生活感覚に即したものとして，理解しやすい定義といえよう．この定義によれば，1990年に183万人いたフリーターが2001年には417万人と推計されている．割合からすると，15～34歳の若年人口の9人に1人（12.2％），学生や主婦を除いた若年人口の5人に1人がフリーターである．もちろんフリーターのすべてが，悪化する雇用情勢のあおりを受けてい

るというわけではない．もともとフリーター自体，定職を意図的に敬遠し働きやすい場を求めて社会的認知を得てきた経緯もある．しかしそれにしても，である．ここ数年の異常なまでの増え方は，単に個人の労働観による選択肢のひとつとしては理解しにくい現象に思える．すなわち，社会全体の構造的要因から派生するきわめて問題ある状況といわざるを得ない．

　この状況を先鋭的に示すのは，何といっても新規学卒者のフリーター化現象である．終身雇用制度が崩壊し始めたとはいえ，卒業と同時に採用され定職に就くことは依然として多くの学生たちの望ましいライフスタイルとして支持されている．大学や高校への進学がなぜ行われるかを考えた場合，職に就くため

図序-5　フリーターの定義

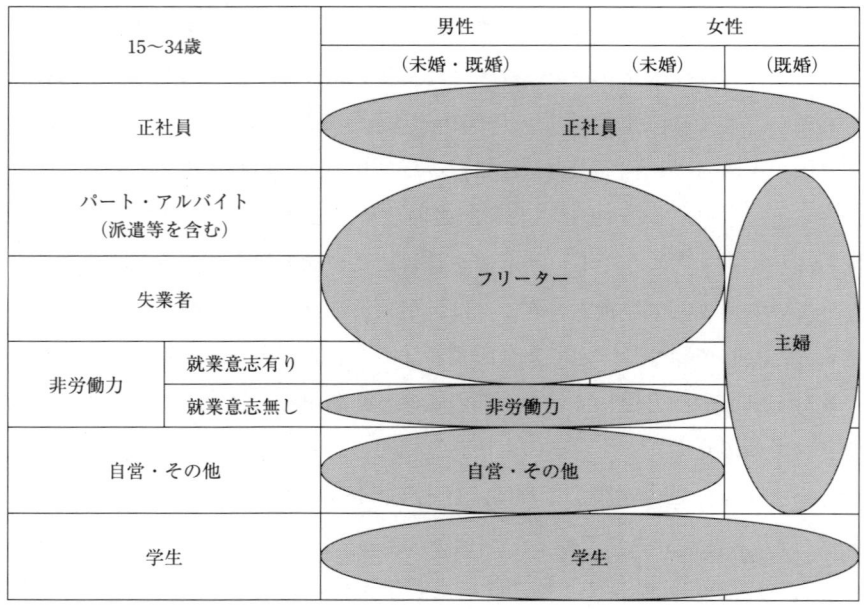

出所）内閣府編『国民生活白書』（平成15年版）より

の条件すなわち学歴獲得のためである側面は否定できない．雇用統計上の「従業上の地位」でみると，雇用者比率は90年代に80％を超え更に今も上昇中である（2002年時点で84.2％．これは前年より0.5％増）．つまり，雇用される人生がとりあえずの職業人生のスタートであることは間違いない．ところがその新卒採用の局面で，実は就職率の低下とフリーター率の上昇がセットで進行している．図序-6がそのことを示している．ここでは，とくに大卒に着目してみよう．就職率とフリーター率の動きを眺めると，90年までは比較的堅調に推移している．バブルのピーク時は，学生の売手市場ともいわれたほどの好調な就職状況であった．逆に大卒無業者いわゆるフリーターは，意図的な選択者は別として当然ながら非常に少なかった．ちなみに高度経済成長期の1965年で5.0％，直近ではバブル景気ピーク時の1991年で6.8％の超低率であった．しかしバブル崩壊後，グラフの示すとおり大卒就職事情は一転して悪化の一途をたどることとなる．就職率の低下傾向とフリーター率の上昇傾向とが，みごとな対称カ

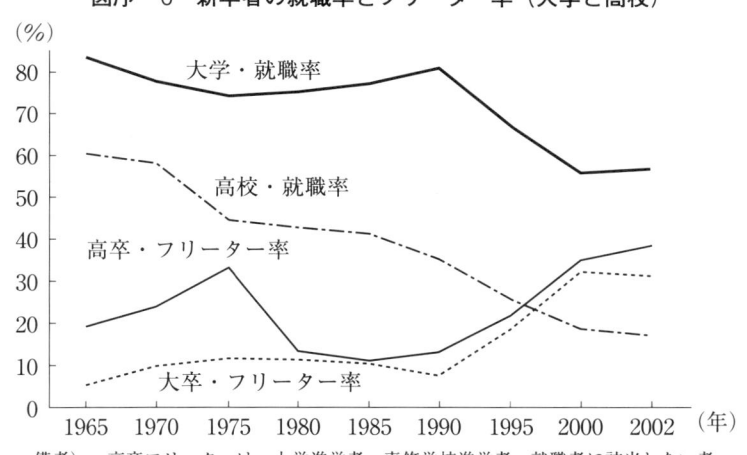

図序-6　新卒者の就職率とフリーター率（大学と高校）

備考）・高卒フリーターは，大学進学者・専修学校進学者・就職者に該当しない者．
　　　・大卒フリーターは，進学者・就職者・一時的な仕事に就いた者・研修医のいずれにも該当しない者．
　　　・就職率は，卒業生全体に占める就職者の割合．
　　　・フリーター率は，フリーターと就職者の合計に占めるフリーターの割合．
出所）文部科学省『文部科学統計要覧』（平成15年版），財務省印刷局より

ーブを描いている．いうまでもなく，フリーター率が上昇したから就職率が低下したのではなく，就職率が低下したからフリーター率が上昇したのである．この因果関係の中に，個人的な選好要因ではなく社会の構造的要因を感じ取ることができる．とりわけ憂慮すべきなのが，大卒フリーターの存在である．2002年時点でフリーター率が31.3%でほぼ3人に1人が，卒業後も職の定まらない状態である．この傾向は単なる景気循環的で一時的なものではなく，長期リセッションと経済グローバル化による構造的なものとみる見方が支配的である．すなわち，仮に景気回復期に入っても，大学新卒者の置かれた状況は基調として大きく好転することはない．そのことをうかがわせる数字がある．2004年春卒業の大卒定期採用計画数（主要1000社への日本経済新聞社調べ・平成15年10月27日）では，前年同期に比較し7.0%の減少でありこれは2年連続のマイナスである．その一方で，2003年度の中途・通年採用計画数は前年比9.3%増であり，主要企業は新卒を抑制し即戦力に期待するスタンスを一層強めている．さらに深刻なのが，大卒就職内定率の悪化である．厚生労働省と文部科学省の発表によると，2004年春大卒予定者の就職内定率は，10月1日現在60.2%であり，前年同期を3.9ポイント下回っている．この背景には，企業の採用計画はあっても水準以下の新卒は採用しない慎重姿勢や，就職協定不在のもとで採用が長期化している現状がある．このようなタイトな就職事情のもとで，現在多くの若者が適正な就職を行えない新卒労働市場が展開しており，無業者化やフリーター化が恒常的な流れとなりつつある．そして就職が首尾良くできた場合でもその少なからぬ部分が不本意就職であり，3割が3年以内に辞めていく，いわゆる就職ミスマッチ現象も常態化している．

　10代や20代の前途ある若者の厳しい雇用環境は，個人にとってはまさに「フリーター感覚」で受容され，さして深刻でもないのかも知れない．今を享楽したいトレンディな若者にとって，フリーターであっても当座の生活が可能であれば受忍限度内の生き方と映る．しかしフリーターは所詮フリーターであり，個人の資質向上の点からも社会の原動力確保の点からも失うものは大きい．で

は一体，何が若者をそこまで追い詰めていくのだろうか．それを知るためにも，背景としての社会的潮流をここで眺めておくのは無駄ではないだろう．

2．新自由主義の台頭

昨今の日本の大きな流れを一言でいえば，新自由主義の台頭といえるだろう．ネオ・リベラリズムともいわれるこの動きは，政治の世界はもとより経済，社会の広範囲な領域で加速度を増しながら進行している．そうした中で雇用状況は経済動向の一側面に過ぎないが，この新自由主義的ダイナミズムの波間で確実に量的・質的な変革を見せ始めている．たとえば，完全失業率・有効求人倍率など一連の雇用指標は，一般に景気変動に連動すると考えられているが，近年の状況は単なる景気循環の結果指標というよりも，もっと大きな社会変動の指標あるいは予兆としてみるべきである．

ここでいう新自由主義とは，一体どのようなものか．まず，そのことから簡単に押さえておこう．理論的には，文字通り個人の自由を基本的な前提とし，国家はできるだけ小さな役割に留めるべきであるとする．そして自由な個人の責任ある競争とそれを可能にする自由市場の存在が，効率のよい最適社会を実現すると考える．そのもっとも代表的な論者は，ハイエクであり，フリードマンである．そして彼らの思想を政治の場で実践したのが，イギリスのサッチャー元首相であり，アメリカのレーガン元大統領であり，日本の中曽根康弘元首相であった．政治的意味合いでの新自由主義の特徴は，イギリスの社会学者であるギデンズが簡潔にまとめている．それによると，サッチャリズムとしても展開された新自由主義の特徴は，①できるだけ小さな政府，②自律的な市民社会，③伝統的なナショナリズム，④道徳的権威主義と強力な経済的個人主義，⑤市場原理主義，などとなっている．欧州においては，すでに新自由主義からの脱却を模索する動きもあるが，市場原理主義の本場アメリカはもとより，日本においても中曽根内閣以降の歴代内閣はこの動きをさらに早めている．

しかし日本の場合，新自由主義の登場は何も突然のものではなかった．そこに至るまでには，それなりの地殻変動が徐々に起きつつあったとみるべきであろう．戦後長い間，世界的にも社会民主主義思想が優勢であり，大きな政府の福祉国家建設が大衆の支持を得ていたのは事実である．しかしオイルショックに端を発する世界的な景気後退は，大きな政府の非現実性を浮き彫りにし，市場メカニズムによる社会的効率を説く自由主義的思想に勢いを与えた．その意味では，日本も例外ではなかった．日本経済の牽引車である財界などは，もともと適材適所に基づく能力主義を是とする考えが根底にあり，日本的な保護制度のもとではあるが自由主義経済の促進はむしろ歓迎すべきものと映った．すでに1968（昭和43）年，アメリカに次いでGNP第2位の経済力となっていた日本は，70年代以降の安定経済成長下でも世界市場経済で生き残るべき道を模索していた．その象徴的な動きが，80年代からの一連の行政改革つまり小さくて安価な政府づくりであった．中でも有名なのが，1980年代初頭の第2次臨時行政調査会であった．そこでの答申スローガンでは「小さな政府・増税なき財政再建」が掲げられ，その後，現在に至るまでの一連の規制緩和を主とする行政改革の先鞭をつけるものとなった．

　こうした小さな政府づくりが進展する中で，自由な市場経済の土壌づくりの動きも着々と進められていた．とくに財界やトップ企業（以下，財界と略）は，限られた労働力の効率的運用が経営活動の生命線でもあり，かねてから能力主義の導入に強い関心を示していた．とりわけオイルショック後の景気低迷と高まる経済のグローバル化に直面し，労働力の質的アップに向け一段と正規労働者の労務管理対策のみならず新規学卒者への期待や要求が高まった．ここでは労働力としての新規学卒者を受け入れる立場から，財界がどのような教育的眼差しを抱いて来たかに注目してみよう．財界の意思を直接知るには各種教育提言の分析が役に立つが，その一方で，財界影響力が強いと目される公的審議会の答申内容も重要である．このうち，1971年の中央教育審議会答申「今後における学校教育の総合的な拡充整備のための基本的施策について」は，当時，

「財界のための答申」とも評されたほど財界的教育観が散りばめられたものであった．その主な内容は，①国家社会の要請にこたえる長期教育計画論，②能力・適性に応じた人的能力開発論，③教育費の効果的配分と適正な負担区分をはかる教育投資論，であった．それらはまさに自由と責任の観点から受益者負担の原則のもとで自由な経済活動を想定し，そのためには画一的というよりも能力別の効率よい人材育成に期待するものであった．しかしこの答申は内容的に時期尚早の感もあり，理念のまま据え置かれたのが実態であった．この発想がさらに発展させられたものが，1984年から1987年までの一連の臨時教育審議会答申であった．審議会の委員には財界代表や高級官僚OBが目立ち，新自由主義的な方向付けが教育のあらゆる分野において求められた．言い換えれば，教育界に対しても市場競争原理の徹底をはかる画期的な答申でもあった．そのことは，「自由化」と「個性化」というこの会議のキイワードが雄弁に物語っている．とくに学卒労働力の視点でいえば，大学設置基準の大綱化・簡素化を提言し，制度としての大学の「自由化」と「個性化」を求めるものであった．それはまた，昭和20年代後半からの大学種別化構想を再度期待するものでもあった．

　教育界を襲うこのような新自由主義の大きなうねりは，次第に政策当局である文部省（現・文部科学省）を動かすことになる．当初，「個性化」への変革には前向きだったものの「自由化」には消極的であった文部省も，バブル崩壊後の景気低迷に起因する国家的緊縮財政のもと，公教育のスリム化と市場化という形での「自由化」にシフトし始めている．その急旋回を背後から後押ししたと思われるのが，90年代に発表された新自由主義的な財界各種教育提言である．さまざまな提言の中で代表的なものは，経済同友会からの「大衆化時代の新しい大学像を求めて─学ぶ意欲と能力に応える改革を─」（1994），経済団体連合会からの「創造的な人材の育成に向けて─求められる教育改革と企業の行動─」（1996），社会経済生産性本部からの「選択・責任・連帯の教育改革─学校の機能回復をめざして─」（1999）などである．とくに高等教育面でこれら

に共通するのは，入試や入学の自由化，厳格な成績評価と奨学金などをセットにした競争原理の導入，学生や教員の大学間流動性の確保等である．そこには，まさに自由選択と自己責任に基づく新自由主義的教育のイメージが盛り込まれている．これら財界からのプッシュ要因を受けて，まず内閣総理大臣のもとで「教育改革国民会議報告」がまとめられ（2000），その具体化に向けた「21世紀教育新生プラン」が文部科学省から出された（2001）．さらにその後「大学を起点とする日本経済活性化のための構造改革プラン」（通称・遠山プラン）が文部科学大臣から経済財政諮問会議に提出された（2001）．これら矢継ぎ早の教育改革構想は，教育荒廃の是正を念頭におきつつも，ボーダーレス化した自由経済市場での産業競争力に耐え得る人材の育成とその効率的社会配分を究極の目的としている．たとえば，「遠山プラン」には3つの改革の柱のひとつに「人材大国の創造」が掲げられ，その中の方向性のひとつとして「社会・雇用の変化に対応できる人材の育成」が明記されている．

　公教育でのこうした新自由主義的動向は，もちろん国政全般の新自由主義的政策とセットされリンクしているとみるべきであろう．「遠山プラン」自体が経済財政諮問会議への報告であったことにも，その性格が現れている．その意味で全省庁あげての直接的なスタートラインは，1997年の第2次橋本内閣の6つの改革構想であったと思われる．すなわち，①行政改革（行政のスリム化），②財政構造改革（2003年を目標に財政を健全化），③社会保障制度改革（少子・高齢社会への対応），④経済構造改革（強靱な経済基盤の確立），⑤金融システム改革（東京市場をニューヨーク，ロンドン並みに），⑥教育改革（チャレンジする人材の育成）がそれである．そして現在，構造改革の名のもとに政府および企業など民間セクターのスリム化が同時進行し，社会の資源配分を市場原理に委ねることで資源の効率的運用をはかる動きが急である．今みてきた教育の世界もその動きに巻き込まれ，いわゆる「教育の私事化」が加速している．かくして学卒労働者としての若者は，大学間競争の中で否応なく自らの資質向上を求められ，また企業合理化の中で厳しいジョブ争奪戦を強いら

3. 雇用流動化への加速

若者をめぐる雇用環境は,これまでみてきたように急激かつ構造的な変貌を遂げつつある.そこで今一度,若者を含めた近年の雇用事情について,制度的な動きを確認しておこう.それは端的にいえば,雇用流動化という流れである.まず図序-7をみてみよう.現在わが国では,6000万人余りの就業者がいる.この人たちの働きぶりが,今ファジー化あるいは液状化している.「従業上の地位」でみると,自営業を含めた非雇用者は,全体の15％程度であり,しかも年々減少の一途である.これに対し雇用される立場の雇用者は,逆に増加基調で85％近い比率である.問題は,この雇用者の「就業形態」の中身である.2002年時点でいわゆる正規雇用が61.5％に対し,非正規雇用が23.0％（数値はいずれも就業者全体に占める比率）である.ここでいう非正規雇用とは,パ

図序-7　就業者の内訳（2002年平均）

就業者（2002年平均）　6,319

就業形態
雇用 5,337（84.4）

正規雇用	3,886	(61.5)	非正規雇用	1,451	(23.0)
役員	397	(6.3)	パート	718	(11.4)
正社員（役員を除く）	3,489	(55.2)	アルバイト	336	(5.3)
			派遣労働者	43	(0.7)
			契約社員・嘱託	230	(3.6)
			その他	125	(2.0)

自営業主	645	(10.2)
内職者	26	(0.4)
家族従業者	302	(4.8)

非雇用 973（15.4）

従業上の地位

出所）厚生労働省監修『労働経済白書』（平成15年版），日本労働研究機構より
括弧なし数字は人数（万人），括弧内数字は就業者に占める割合（％）

ート・アルバイトをはじめとし派遣労働者・契約社員・嘱託などである．さらに非正規雇用のみに限定しその内訳比率をみると，性別では70.4％が女性であり，29.7％が男性である．非正規雇用の「就業形態」でもっとも多いのがパート・アルバイト（72.6％）であり，派遣労働者等を圧倒している．ちなみに，このパート・アルバイトの年間収入をみると，8割以上が年収150万円未満という状況である．このパート・アルバイトのとくに若年層（15～34歳）の量的推移を眺めたのが，図序-8である．ここでは，ウエイト的に少ない派遣労働者なども含めた非正規雇用者をパート・アルバイトとして計算しているが，要するに非正規雇用者は90年代後半以降，急激な増加をみせている．当然，正規雇用はその分，比率を低下させている．そして増加している非正規雇用の内訳では，絶対数はパート・アルバイトに比べまだまだ少ないものの，派遣労働者・契約社員・嘱託などの増加率が著しい．このように近年の趨勢は，非正規雇用が多様化を伴って急速に浸透しつつある状況といえる．

経済活動の一端であるこうした雇用の動きが，単なる働く個人の思いつきや大衆心理のなせる結果だけとは考えにくい．そこには，働き方のあるべき姿を

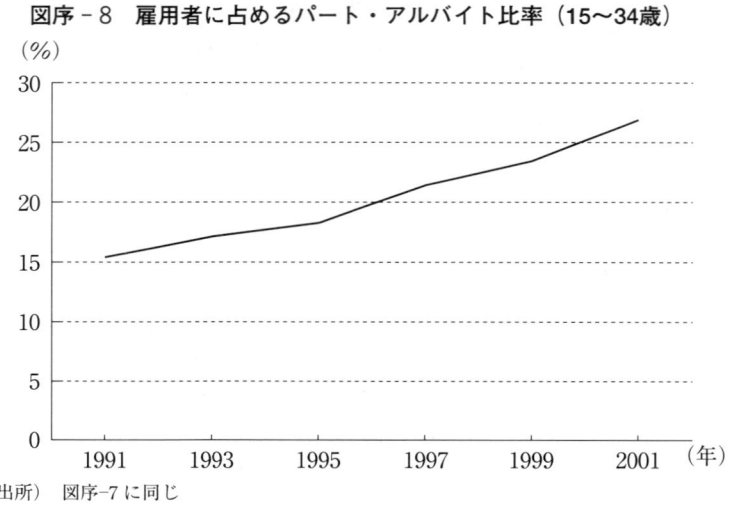

図序-8　雇用者に占めるパート・アルバイト比率（15～34歳）

出所）　図序-7に同じ

めぐり各界の思惑が投影されたとみるのが妥当であろう．その意味で大きな役割を果たしてきたと思われるのが，たとえば，財界や政府の新自由主義的な方向付けである．もちろんそれらの動きと連動する形で，働く個人の仕事意識や労働観の部分も決して無視はできない．とりわけ，価値観の多様化が進んでいる若者の場合を想定するとき，そのことがいえる．

　まず財界からのガイドラインとして，雇用の多様化にもっとも影響のあったメッセージは雇用ポートフォリオ案である．これは日経連（当時）が1995年に発表した「新時代の『日本的経営』—挑戦すべき方向とその具体策」の中で提示されたもので，ある意味で今日の流れをつくったともいうべきものである．表序-1が，その財界的発想に基づくあるべき雇用形態プランである．それによれば望ましい雇用とは，働く者を能力特性に応じて3つのグループに分け，それぞれ雇用期間や仕事内容や賃金制度など異なる処遇のグループをバランス良く組み合わせる雇用方式となる．そして各企業は，個別事情に即して，人・仕事・コストをもっとも効率的に運用できる自社型雇用ポートフォリオを構築すべきと提言している．提言以後この発想は，各産業界の雇用管理のあり方を大きく変える契機となった．なかでも，雇用柔軟グループの積極的活用が社会的認知を得たという意味では，先にみたパート・アルバイト構成比率の90年代後半以降の動きが実に示唆的である．改めていうまでもないが，それは正規雇

表序-1　財界の主張する雇用形態の多様化

グループ	雇用形態	対象	賃金
長期蓄積能力活用型グループ	期間の定めのない雇用契約	管理職，総合職，技術部門の基幹職	月給制か年俸制，職能給，昇給制度
高度専門能力活用型グループ	有期雇用契約	専門部門（企画，営業，研究開発等）	年俸制，業績給，昇給なし
雇用柔軟型グループ	有期雇用契約	一般職，技能部門，販売部門	時間給制，職務給昇給なし

出所）「新時代の『日本的経営』—挑戦すべき方向とその具体策」（日経連）1995年5月

用削減とセットになった非正規雇用代替への動きに他ならない．日経連が行った企業調査（1998）によると，個別企業の予測するポートフォリオ構成比率は，長期蓄積能力活用型は「現在が84.0％で将来72.7％へ」，高度専門能力活用型は「現在が5.9％で将来11.4％へ」，雇用柔軟型は「現在が10.1％で将来15.9％へ」となっている．この雇用多様化推進への動きは，さらに日本経団連に受け継がれ，各種提言を駆使しながら一層の実現化がはかられようとしている．たとえば「ダイバーシティ・マネジメントと働き方の多様化について」（日本経団連・平成14年9月）という発表物では，ダイバーシティとは「多様な人材を活かす戦略」と定義付け，「多様な属性（性別，年齢，国籍など）や価値・発想をとり入れることで，ビジネス環境の変化に迅速かつ柔軟に対応し，企業の成長と個人のしあわせにつなげようとする戦略」をとるよう各企業に求めている．また2003年版の日本経団連「経営労働政策委員会報告」（2002年12月）は，そのサブタイトルを「多様な価値が生むダイナミズムと創造をめざして」として同趣旨のことを徹底するなど，財界の雇用多様化へ向ける執念はヒートアップしている．

　一方，雇用の多様化を具体化する意味では政策的動きも見逃せない．そのもっとも分かりやすい姿が労働関連法いわゆる労働法制の流れである．日本の労働関係法は，戦前への反省もありとくに雇用面では統制色が強いとされてきた．しかし社会の変化や産業構造の転換もあり，運用が硬直化している側面も無視できなくなってきた．そのような中で，先にもみてきたように80年代に入って新自由主義の潮流が加わり，雇用面の自由化が法制上においても着実に進み出した．いわゆる規制緩和路線が，この分野にも例外なく襲ってきたのである．そしてその路線上で現在まで多くの新しい法律が成立し，また既存の法律の改正が行われてきた．財界がムードづくりをしたとすれば，政策当局は制度的な下支えをすることによって雇用多様化を推し進めているともいえよう．80年代に成立した新法としては，労働者派遣法（1985）が主なものでは最初である．もともと有為な人材を企業等がタイムリーに活用できるよう成立したもの

であるが，当初は対象業務が専門職に限定されていた．しかしその後の法改正により業務が原則自由化され，さらに2003年の改正で派遣期間の大幅緩和が実現した．同じ1985年には男女雇用機会均等法が成立し，これは1997年にさらに改正強化されている．また育児休業法が1991年に成立し，その後，公務員のみならず民間事業所にも適用され，さらに介護休業制度を導入して1995年に育児・介護休業法として改正成立した．これは，2001年にも改正強化されている．このほか1993年にはパートタイム労働法が成立し，増大するパートタイム労働者の保護を目的として事業主の責務や雇用管理措置が定められている．2003年には，同法に基づくパートタイム労働指針も改正強化されている．これらの新法以外にも，旧来からの基幹的法律が規制緩和の一環で改正される例も少なくない．たとえば職業安定法は1999年に改正されているが，その趣旨はこれまで有料職業紹介に設けられていた職種制限を原則自由化することであった．2001年に改正された雇用対策法は，第4条に円滑な再就職を理念として追加し，募集採用時の年齢制限撤廃を求めるなど踏み込んだものとなっている．雇用保険法は，失業時の生活保障や再就職への備えの意味をもつが，2003年改正ではとくにパート労働者なども含め離職者の早期再就職を促している．そして何といっても重要なのは，80年代から幾多の改正を重ねている労働基準法である．同法は80年代以降，男女平等の観点から女子保護規定の緩和，長時間労働の是正としての週40時間労働の実施，柔軟な労働時間管理の一環としてのフレックスタイム制や裁量労働制の導入など，いくつかの重要な改正を行っている．なかでも2003年改正では，解雇規制規定をはじめて法文明記することに加え，雇用流動化を助長させるような内容も盛り込まれた．たとえば裁量労働制の適用範囲の拡大，非正規労働者の大半に適用される有期雇用期間の延長などである．

　このように80年代以降，国の政策や企業の雇用姿勢は新自由主義的スタンスが一層明確化してきている．とくに雇用の多様化という名のもとに，パート・アルバイトなど非正規雇用の活用が積極的に行われている．ここでは，その社

会的背景を簡潔にまとめてみよう．まず第1に，労働力人口の減少という将来予測の問題である．少子高齢化が世界一のスピードで進行しつつあるわが国では，2005年前後をピークとして労働力人口の長期減少がほぼ確定的である．しかも労働力の内訳が，少ない若者に対し多い高齢者という年齢構成を特徴としている．このため国力の維持や産業の活性化をはかるためには，高齢者はもとより女性の労働に期待せざるを得ない．すなわち，そうした労働力が働きやすい非正規労働の仕組みを整える必要がある．第2に，経済がすでにグローバル化・ボーダーレス化している中で，日本の企業としても多国籍企業化の流れは避けられず，メガ・コンペティションを勝ち抜くためにも一層の合理化が必至である．とくに世界一高いとされる日本企業の人件費は，最後の合理化のターゲットとされており，正規労働者のスリム化と非正規労働者による代替は今後さらに加速される．第3に，世界的な長期リセッションに加え冷戦以後の政情不安の増大は，一国の経済先行き見通しを不安定なものにし，為替変動も手伝って企業の労働力需要を読みにくいものにしている．この不安定要素は，雇用調整弁としての非正規労働力を当然期待するものとなる．第4に，わが国では法制上使用者側の解雇権は存在するものの，実質的には解雇権濫用法理の解釈により正規労働者への解雇措置はきわめて困難な状況である．2003年の労働基準法改正は，そのあたりのせめぎ合いの意味合いもあったとされるが，その点，非正規労働者の場合は契約期間の運用により労務管理がはるかに容易である．第5に，非正規雇用を求める労働者が増加しつつある現実も否定できない．戦後半世紀を経過し社会が成熟期に入り，全般的に個人の価値観が相対化してきた．それはまた，労働のスタイルすら選択肢のひとつとしてしまう社会的ムードを醸成した．

かくして雇用流動化への環境づくりは，80年代の助走期を経て90年代から今世紀にかけ急ピッチで進展している．この大きなうねりは，個々の労働者にとっては時に抗しがたい荒波にもなる．とくに10代や20代の若者にとって，学校教育を終え社会に巣立つまさにその時期，仕事探しという局面で遭遇する大変

な事態でもある．たとえば，雇用流動化が加速すれば正規社員の非正規社員化という流れが確実に進むであろう．そのことは，まぎれもなく学卒まもない若者と既存の非正規社員とのジョブ争奪戦を意味する．なぜならそこで展開されるのは学卒労働市場ではなく一般労働市場での職探しであり，厳しい市場主義の貫徹する世界だからである．労働力のスタートが不本意な非正規雇用からという若者の姿は，もはや珍しくはない．次節では，そうした若者の置かれた立場について，あらためて考察してみよう．

4．〈学校から職業へ〉の見直し

　若者の完全失業率やフリーター率の高さとその増加傾向は，若者のおかれた雇用環境の厳しさを物語っている．とくに新規大卒フリーター率が31.3%（2002年）という状況は，すでに学校から職業生活にはいる経路に大きな構造変革が生じつつある証である（ちなみに同年の新規高卒フリーター率は，38.4%である）．別な表現をすれば，卒業と同時に一斉に定職に就くライフサイクルは，すでに過去のものになりつつある．この現象がなぜ起きているかといえば，主たる理由は労働市場が流動化し始めているからである．労働市場は基本的に雇用者側の買手市場であり，雇用流動化は若者の就業経路をも流動化させている．図序-9が，この関係を端的に表している．「これまで」の若者就業パターンは新卒定期一括採用がメインルートであり，学校も企業も年齢主義を厳格に守りながら旧来の実績関係を尊重しつつ比較的整然と展開してきた．もちろん若者自身もこの流れに沿いながら，人生の大きな決断をしてきたわけである．ところが新自由主義に連なる雇用流動化の動きは，「これから」の若者就業パターンへと根底から変えようとしている．すなわち，企業合理化による雇用管理見直しは，正規社員のスリム化と非正規社員の積極的活用へと急ピッチで進んでいる．これはまぎれもなく，新卒正規採用の減少と新卒フリーター採用の増加をも含んだトータルな見直しを意味する．もちろん正規社員も，成果主義（能力主義）導入によりフリーターへの転換も常にありえる．いわゆる終

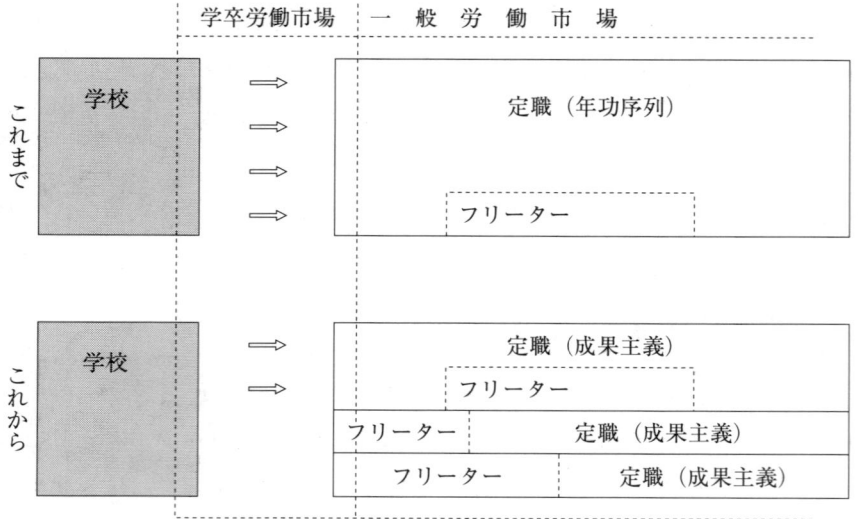

図序-9 若者の初期就業パターンの「これまで」と「これから」

身雇用制度の崩壊である．終身雇用制度の基幹部分は年功序列型賃金であるが，この仕組みは2003年から2004年にかけ大きな制度変革の時期に来ている．すなわち，電気・自動車・電力など業界トップ企業が，ここにきて定期昇給の廃止と能力や実績に応じた成果主義賃金の導入を見せ始めている．すでにフリーターから正規社員への転換が企業内制度化されるケースも増えるなど，成果主義による賃金水準のフラット化に加え正規・非正規間の移動も風通しがよくなりつつある．働く者にとって，一段と仕事の実績が問われる時代が訪れている．

　ところが，ここに大きな問題が潜んでいる．それは，若者の置かれた社会的な境遇である．とくに新規学卒相当の若者は，最初の就業を迎えるに際して，あまりに早く様変わりする雇用事情に適切な対応ができなくなっている．一方，若者を送り出す立場の学校は，基本的に学校教育制度の仕組みの中での対応という限界があり，激変する雇用環境へのタイムリーな対応は困難ないし遅れがちである．つまり若者は，社会と学校とのはざまで一種の社会的弱者を演

じる巡り合わせにいるのである．この点について，学校教育，就職活動，卒後事情の3つに分けて考察してみよう．

第1に，学校教育の問題についていえば，戦後教育の流れは一貫して普通教育偏重であった点を指摘せねばならない．財界はその時々で職業教育の必要性を唱えてはいたが，国民の普通教育志向の前に政策当局も従わざるを得ず，本来の職業教育が弱体化しているのは否定できない．これは，二重の意味でそうだといえる．ひとつは狭義の意味からであり，いわゆる技術・技能あるいは専門教育の面が十分に行われず，後期中等教育から高等教育に至るまでこの弊害は小さくない．専門高校にみられがちな進学を視野にいれた普通教育化傾向，また大学での就職活動がもたらす学部専門教育形骸化は，その一端である．もうひとつは広義の意味からであり，職業観の涵養に関することである．核家族が増え親もサラリーマン化した今日，子どもに親の仕事や職業の意味を伝える機会はほとんどない．では学校教育がその補完機能を果たしているかといえば，期待できる状況にはないのが現実であろう．つまり今の子どもや若者は，仕事や職業について考えるチャンスに恵まれない．こうしたことの結果，どのようなことが起きるか．たとえば，職業選択のミスマッチによる早期離職者の増加は，職業に関する情報不足に起因することを否定できない．あるいは他の先進国と異なり，日本の若者は一様に大企業就職志向を特徴としているが，これもある意味で情報不足によるイメージ先行の結果といえる．とりわけ雇用流動化の中で，しっかりとした職業観が求められている現在，若者に対する学校教育の役割はこれまで以上に重大である．

第2に，就職活動にかかわる深刻な問題がある．ここではとくに大卒の就職活動に限定して述べてみたい．大卒の就職活動は先の図序-9で示すように，一般労働市場ではなく学卒労働市場で展開される．学卒労働市場も基本的に企業の買手市場であるが，限られた優秀な人材をめぐっては採用競争も熾烈である．それがいわゆる青田買いを生み，学事スケジュールの混乱をきたす原因ともなる．このことが社会問題化し，1952年の文部・労働次官通達に端を発し就

職協定がスタートした．しかしこの50年間，就職協定は企業側の「掟破り」で有名無実化し学生はある意味で翻弄され続けた立場でもあった．現在，「守られない協定は意味がない」との財界の意向を受けて就職協定は廃止され，形式的な約束事はあるものの事実上フリー状態である．いったん雇用した労働者に対しては，労働基準法など幾多の法の網がかぶせられてはいるが，採用活動のルールに関しては何もないのが実情である．労働経済学者の清家篤はそのことに触れ，「企業が人を雇うときのルールはほとんど野放し状態」（「学生の豊かな人生のために」日本私立大学連盟就職委員会，2002年3月，p.25）と喝破しているほどである．第1のところでも触れたように，もともと職業観の十分に備わっていない若者が，ルール無き学卒労働市場で的確な職業選択ができるとは思えない．指定校制度や学校推薦が過去のものになり，今やインターネットを駆使した自由応募が全盛であるが，情報の山に埋もれ途方に暮れている若者を想像するのは容易である．それどころか，電子情報でつくられた表層的イメージに躍らされる「インターネット依存体質」が問題視されるほどである．

　第3に，学卒後のフリーター化現象をみるとき，若者の雇用への道のりの厳しさを改めて指摘せねばならない．図序-10は有効求人倍率を示しているが，学卒労働市場に比較し一般労働市場のタイトな様子が明白である．すなわち厳しさを増しているとはいえ，学卒労働市場では有効求人倍率が1.0を超えており，雇用ミスマッチの問題はあるものの，比較的堅調である．ところが学卒者を除く一般労働市場の有効求人倍率は，コンマ以下であり1人の求職者に対しそれ以下の求人しかない状況である．たとえば，学卒まもない20代前半で0.78，20代後半で0.58（いずれも2002年）である．この数値にはパート労働者が含まれている．一般的に，パート労働のみの求人倍率は，1.0を超え水準が高いのが特徴であることから，正規労働の一般労働市場はさらに厳しいと予想される．つまりいったん学卒労働市場を出てしまうと，たとえ若者であっても雇用環境はきわめて厳しいものがある．しかも雇用機会均等化が推進され女性の勤続期間が長期化し，これまで以上に若者の正規雇用への道が狭まってい

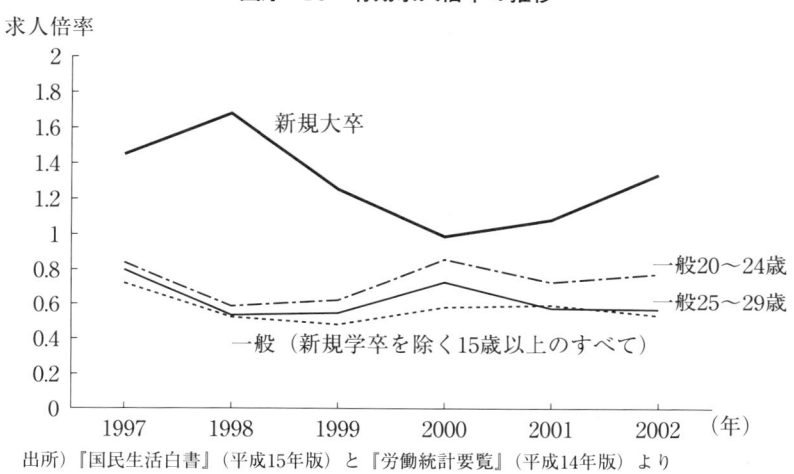

図序-10　有効求人倍率の推移

出所)『国民生活白書』(平成15年版)と『労働統計要覧』(平成14年版)より

る．さらに，雇用対策法などが目指す雇用流動化への道筋は，中高年への再就職支援の色彩が強く，皮肉にも若者の雇用にとって逆効果にもなりかねない．

　このように若者をめぐる雇用環境は，学校教育や新卒時就職活動そして一般労働市場の各局面において，けっして十分な社会的バックアップがなされているとはいえない．若者の行く末をみる時，正規労働者はもとより非正規労働者としても，少なからぬ部分が成果主義を問われる有期契約雇用柔軟型労働力として期待され，女性や中高年者と同じ土俵でジョブ争奪戦を繰り広げる日も近い．これは日本の雇用市場で今までにない，とくに若者にとって深刻な状況である．あまりの急展開に，多くの若者は戸惑いを隠せない．2001年11月，東京渋谷にオープンした「ヤングハローワークしぶや・しごと館」は，30歳未満の若年失業者を対象とした職業相談機関である．しかし登録者の4分の1は，希薄な職業意識からか自分の希望職種すら決められないという（『日本教育新聞』平成15年11月28日号）．また就職協定廃止に伴い長期化した大卒就職活動では，就職内定が得られないと早々に就職活動をあきらめる学生が年々増加している．2002年度の例でいえば，7月末の求職者を100とすれば翌3月末には69の

表序-2 若者自立・挑戦プランの概要

Ⅰ．教育・人材育成・雇用・創業施策の充実・強化
1．教育段階から職場定着に至るキャリア形成及び就職支援
(1)職場体験・インターンシップなどを活用した児童生徒の勤労観，職業観を育てるためのキャリア教育を推進する (2)企業人を学校に派遣し，職業や産業の実態等に関して生徒に理解させ自ら考えさせるキャリア探索プログラムを小中学校に拡充する (3)日本版デュアルシステム（例えば，週3日は企業実習，週2日は教育訓練といった新たな仕組み）を導入する (4)全国の公共職業安定所に，若年者に対してきめ細かな就職支援を実施する専門員（ジョブサポーター）を配置する (5)若年者向けの専門的なキャリア・コンサルタントの養成，若年者対策での活用
2．若年労働市場の整備
(1)若年者の常用雇用への移行を促進するため，短期間の試行雇用を実施する (2)ニーズの高い職種における詳細な人材ニーズ調査を行うとともに，企業が若年者に求める能力・技術を集約し，情報提供する (3)若年者の実践的能力を評価する仕組みを整備する (4)IT，技術経営等の専門分野の人材について，能力・技術の体系化と評価基準を策定するとともに，カリキュラムや教材を開発する
3．若年者の能力の向上
(1)大学等において社会人や企業のニーズを踏まえた実用的な職業能力を身に付けさせるため，短期教育プログラムを開発する (2)法科大学院，ビジネススクール等の専門職大学院の設置を促進する (3)優れた大学教育改革への取り組みの支援を実施する
4．創業・起業による若年者の就業機会の創出
(1)創業塾における新たなコースの創設 (2)ベンチャー企業におけるインターンシップ制度の導入 (3)情報提供や専門家による相談等を行う「起ちあがれニッポン DREAM GATE」事業の充実
Ⅱ．地域における新たな枠組み：若年者のためのワンストップサービスセンター（通称：Job Cafe）の整備
1．各都道府県との連携による事業

(1)以下の事業をワンストップサービスセンターに委託 　・若年者への企業説明会，職場見学会の実施 　・高校生の保護者の就職に関する意識の啓発 　・進路指導担当者の産業・雇用にかかる知識等の向上等 (2)創業意欲の高い人向けの研修参加窓口等
２．地域産業の活性化・高度化を担う若年人材の育成
(1)求人ニーズの掘り起こし (2)カウンセリングからインターンシップ，研修等まで一貫したサービスの提供 (3)成功報酬等のインセンティブ制度に基づく民間委託の活用
３．ハローワークの併設・若年者のキャリア形成の支援の重点的実施
(1)都道府県の要請に応じ，ワンストップサービスセンターにハローワークを併設 (2)ワンストップサービスセンターとの連携・協力による若年者のキャリア形成支援 　・日本版デュアルシステムの重点的な実施 　・キャリア・コンサルティング（専門的な就職相談）の重点的な実施

出所）「第３回若者自立・挑戦戦略会議」（平成15年８月29日）の配布資料より

落ち込みようである．若者の職業的知識の不足とともに，就業に対する自覚の乏しさも見え隠れする．しかし問題の核心は，それ以上に若者をそうさせる社会全体の有り様ではないだろうか．確かに定職に就きたくても就けないフリーターは多いが，雇用機会が豊富な都市部ほどフリーターが多い現実も一方にある．そこには単に雇用機会を創出することでは済まされない，現代若者の屈折した職業意識も潜んでいるかのようである．

　こうした危機的状況に対し，政府もようやく動き始めた．それは，2003年６月に決定し同年８月に具体化された「若者自立・挑戦プラン」である．このプランは，若者の雇用問題を国家的課題として位置付け，関係各省庁の連携のもとに３年間にわたり若者雇用対策を実施するものである．この中身については，表序－２に概要を示している．この中には，ジョブカフェや日本版デュアルシステムなど斬新な試みもみられる．また初等教育からの職業観育成を盛り込むなど，従来手薄だった学校教育での意識啓蒙も評価できる．平成16年単年

度で700億円以上の事業規模であり，遅まきながら政府も若者雇用政策に取り組む姿勢をみせている．この一環として厚生労働省が構想しているもののひとつが，若者の職業能力認証制度である．とかく企業が若者に求める能力が不明確であり，若者も就職への動機付けがもちにくい現状から，若者向け職業能力認証制度を創設することで就業をバックアップする狙いである．ただこの「若者自立・挑戦プラン」は情報提供サービスの充実に主眼が置かれ，雇用自体の新規創出はまた別問題である．そしてまた雇用創出がなされたとしても，都市部のフリーター化現象のように若者の労働観・人生観はさらに別物である．ここに問題の難しさがある．いずれにせよ，新自由主義の胎動という未曾有の激動期に遭遇している若者は，時代の流れを読むゆとりもなく，とりあえずの職業選択を行っているかのようである．

5．各章の概要

本書の構成は，この序章および既発表論文からなるⅠ部，Ⅱ部，それに補論で成り立っている．第Ⅰ部は主として理論的考察であり，とくにランドール・コリンズの教育資格論をめぐる3論稿を集めた．彼の真髄は，雇用と教育の機能的関係に鋭い社会学的批判を加えたことにある．とりわけ雇用のメカニズムが，教育資格としての学歴とどのような関係をもっているのか，それが彼のユニークな視点である．筆者の関心も彼のこの眼差しに触発されるところが大きく，理論的おさらいの意味も込めて考察した3論稿である．

まず第1章では，教育資格をめぐる身分集団間闘争を理論付けたコリンズを追った．彼は経済市場と同様に文化にも市場があるとし，今日の資格社会は教育資格を貨幣に見立てての身分闘争であると分析した．この場合，彼の図式では，教育資格は雇用側からの学歴要件として立ち現れ，そのための学歴獲得競争が社会階層の分断化をもたらすという．彼の議論は，現代の学歴インフレーションや学校教育的知識と職業との乖離を説明するのに有効である．

第2章では，コリンズ自身が既存の教育社会学理論とどう交わって来たかに

焦点をあてた．手法としては彼のライフヒストリーをトレースし，教育社会学的関心をどのように発展させたのかをたどった．その場合の背景として，彼の青春期に高揚した公民権運動，そして多民族社会米国の身分集団間闘争の現実が指摘できる．彼にとってこの現実を解明する鍵は，タテマエ上の機会均等の場「学校教育」であった．教育社会学理論の中での彼の位置付けはネオ・ウェーベリアン的立場であるが，彼は抽象的な葛藤理論に留まらず，社会の実態に即した現実的な葛藤理論を模索しており，イデオロギーに傾斜しあるいはミクロな分析に終始しがちな既存の教育社会学理論とは一線を画すものである．

　第3章では，コリンズ理論を日本社会に適用することの可能性を探った．今日，教育資格は職業能力との実体的関係を喪失しつつあり，教育資格の獲得自体が目標となる傾向がある．とくに日本の場合，企業内ゼネラリストを求める企業人事管理の仕組みが牢固として続いてきた歴史があり，横断的職業資格制度が発達しなかった．このことにより教育資格に過剰な期待が寄せられる結果となり，異常な学歴獲得競争や学歴インフレーションを生むこととなった．これを教育の中身の形骸化という意味で，とくにクレデンシャリズム現象という．ここでは，とりわけそれが日本的企業社会のあり方と馴染みつつ生起するメカニズムを追ってみた．

　第II部では，「日本的経営」とか「法人資本主義」などで表現される日本の企業社会をとりあげ，そこで教育資格が特殊日本的にどのような役割を果たすのかを探る4論稿を集めた．崩壊の兆しがみえるとはいえ終身雇用制度は日本の雇用慣行における中心的部分であり，「イエ」としての企業の成員補充システムに教育資格すなわち学歴は大きな意味を持ち続けてきた．財界の関心も，人材メルクマールである学歴の果たす役割にある．とくに象徴的な新卒定期一括採用という非公式慣行を中心に，日本の企業社会の特質を俯瞰してみた．

　第4章では，日本的な社会成員配分様式に着目し，教育資格を指標とした企業のスクリーニング機能を分析した．とりわけ日本では，欧米社会に比べて社会における企業の影響力が強く，いわゆる終身雇用的体質ともあいまって，日

本特有の強力なスクリーニング機能が現れている．その結果，日本的採用スタイルは企業主導の形を取り，具体的には学歴要件，新卒限定採用，学習成果への無関心，隠微で潜在的な指定校制度，大学院教育への消極的評価などの諸点において，かなり企業の意向が反映されている．

第5章では，きわめて日本的な社会現象である学歴主義の原因を日本企業の採用制度に求め，その歴史社会学的な考察を行った．国民的病理ともいわれるこの学歴主義は，戦後の高度経済成長期の頃から社会問題化した．この動きは，大企業をはじめとする多くの企業が理念としての「新卒定期一括採用」方式を取り始めた時期と符合する．とりわけ日本の場合，新卒者は学卒労働市場を通して就職するものとされており，この仕組みが企業社会と学校教育制度とを強力にリンクさせている．しかも企業本位社会という様相は，新卒採用において企業の買手市場を作り出し，子どもや親を巻き込んでの学歴獲得競争は否応なくエスカレートする構図にある．その意味で学歴主義の行く末は，企業側の対応と深い関係があると思われる．

第6章では，日本企業の新規学卒採用にみられる排除現象を社会的閉鎖理論の観点から分析した．その際，企業サイドによる排除の契機を性，学校歴，年齢，学歴の4つに整理し，それぞれがいかなる企業的関心のもとに社会的排除のメカニズムとして機能しているかを眺めた．そして学卒労働市場における企業の買手市場がこの種の社会的排除を助長し，結果的に採用システムの前近代性を温存させてきたことを指摘している．ポイントは，その到来がいわれて久しい能力主義社会が実はせいぜい「採用後」のことを指し示すものであり，「採用それ自体」は依然として不透明かつ不合理なままであり続けてきた対称性であろう．

第7章では，財界が戦後日本の教育政策を公式・非公式に背後から影響づけたとの視点から，その教育観を表明した各種教育提言を時間を追って分析してみた．この教育提言は独立当初より今日に至るまでさまざまな形で行われ，財界が学校教育を人材のプールとみなし，いかに望ましい労働者像を模索し続け

ているかを示すものである．流れとしては初期の職業教育の充実を訴えた時代，その後，終身雇用制度のもとで自前の企業内教育に自信をもつ時代，そして今日，国際競争の折りから創造的な人材育成教育を渇望する時代へとスタンスの変化が指摘できる．

　最後に補論として，2論稿を加えた．高度成長期以降の旺盛な大学への進学意欲は，できるだけ良い職業に就くための意欲と言い換えてもあながち的外れではない．ただし就職へのキップが手に入る限りにおいて，若者の大学教育自体への期待はそれ以上でもそれ以下でもない．この中途半端さ加減が，若者の2つの行動，つまり大学進学行動と大学からの就業行動に反映している．ストレートな表現をすれば，「とりあえずの進学と専攻無関係の就職先」というダブルねじれ現象である．

　第8章では，その「とりあえずの進学」を分析してみた．根強い大学進学志向は，新古典派経済学が前提とする経済的合理性追求からの説明では解釈できず，むしろソシオ・エコノミックス的観点から眺めることの妥当性を探った．つまり，進学行動をひとつの消費行動として見立てる立場である．多くの学生の進学理由には，専攻内容よりも立地環境やブランドにこだわる意識，あるいは皆と同じでありたい不和雷同型進学意識が底流にある．これらは，本質的に消費行動と変わるものではない．しかも日本の場合，学生個人の消費行動というよりも保護者と子どもがセットになって展開される．つまり日本的親子関係が介在することで，進学行動が過熱しやすい状況となっている．

　第9章では，戦後の硬直した学校教育制度と層としての学生の多様化とのきしみの中で，学生の専攻内容と就職先との乖離現象が徐々に拡大してきたことを確認してみた．このことを学部の分野ごとの就職動向調査でみると，一般に文系学部では進学時の専攻選択と卒業時の職業選択が，すでに意味ある関係を持たなくなっている．もちろん在学時の転学部・転学科の困難さもあり，少なくない学生が不本意入学を甘受し学業生活における不完全燃焼を実感している．この背景には，「入りたい大学」よりも「入れる大学」を優先する進学行

動がある．そしてさらにその先には，大学ブランドで人材をみてきた企業の眼差しがある．

第 I 部

第1章 コリンズの資格社会論

1. 教育資格とは

　崩壊の兆しがみえるとはいえ，終身雇用，年功序列に代表される日本的雇用システムは，依然として命脈を保ち続け，採用時における資格取得の有無は，特殊なケースを除いてほとんど有意な効果をもたらさない．基本的に転職を前提としない日本的雇用形態は，有利な資格取得に基づく自由な転職行動とは相いれないからである[1]．

　そうした中でわが国における就職行動の際，決定的ともいえる要件となっているのが学歴である．この場合の学歴は，学校歴というよりも，タテの学歴と称される大学卒，短大卒，高校卒という教育年限に基づくものである．一般に就職の際，この意味での学歴を有するか否かは，決定的である．極論すれば，採用側企業が大学卒を要件とするから大学へ進学するという現象は，きわめてありそうな話である．このように学歴は一種の資格として機能しており，本稿ではこれを教育資格と称する．一方で，国家試験等で取得するいわゆる公的資格を，職業資格と称し区別する．両者の相違についていえば，教育資格をもつことがただちに特定の職業を営むことを約束するものではないが，医師・弁護士等の職業資格をもつことは，一定の研修等を必要とするとはいえ，それらの職業につくことを保証するといえる[2]．

　さて，本稿で問題とする教育資格（educational credential）を，高学歴社会の問題状況と結び付けて鋭い考察を行った人物に，コリンズ（Collins, R.）がいる．彼は葛藤社会学の立場から社会の階層化に関心を抱き続けており，教育資格論はその基本テーマの一環として考察されている．とくに関連する主要著作・論文は，1970年代に出されており，邦訳されたものもある．彼の主張は，教育を身分集団間の葛藤の産物ととらえ，その葛藤のエスカレーションが学歴

インフレーション（以下，学歴インフレと略）を招来している，とする点にある．今や全世界でほとんど例外なく教育拡張が進行し，大学進学率も高まる傾向にある．この不可逆的ともいえるメカニズムに，歴史社会学的考察を加えたのが，彼コリンズである．

しかしその衝撃的議論の故にか，ブルデュー（Bourdieu, P.）等に比べてもわが国では必ずしも彼の論議が十分検討されていない．天野郁夫がその著『教育と選抜』において若干触れているが，それも戦前の日本の選抜過程との関係においてという限界をもっている．一般にコリンズの理論は，身分集団間闘争と学歴インフレの2つのキイ・タームで紹介されるに過ぎず，アメリカ合衆国ではともかく，現代日本において身分集団と学歴インフレがどう関係するのか，必ずしも議論が深められていない．そうした問題解明意識を底流に据えつつ，まず彼の教育資格論をフォローしてみたい．

2．資格社会の本質

コリンズが着目したのは，教育資格に内在する形式的意味と実体的意味との乖離である．確かに彼が議論の足場としたアメリカ合衆国は，徹底した資格社会である．どのような資格を所有するかが，金銭的報酬，ポスト，昇進ルートと密接に結び付き，そしてその資格を付与するための教育機関が多種多様にまたシスティマティックに用意されている．より良い待遇を求めての転職も比較的オープンに行われている．まさに，教育資格と労働市場は有機的に結び付いており，形式的には資格社会の典型がそこにはある．

しかしその一方で，資格社会の別な側面ともいえる高学歴社会は，多くのネガティブな一面を見せ始めている．たとえば，すさまじいまでの進学需要は，社会的必要性の限度を超えて大学卒業者，大学院修了者の一群を輩出し続けているのではないか？　いわゆる教育過剰（overeducation）の問題である[3]．あるいは，教育過剰の結果として当然に引き起こされる学歴インフレ（資格インフレ）の問題もある．ハイスクール卒という教育資格がもはや昔の効力を失い，

それに代わって大学卒が求められる．そのことがやがて大学卒の教育資格を価値逓減状況に追いやる．そこには歯止めのない学歴インフレがある．[4]

それはまた，職業的ミスマッチを誘発する．すなわち，学生がいだく就職先のイメージと，現実にあてがわれる仕事内容とのズレ（実際は，学歴相当以下の仕事が割り当てられるという形で）がもたらす病理現象である．アメリカ合衆国に限らず，日本においてもすでにかかる事態は現実のものとなり，われわれは資格社会の到来をただ礼賛するのではなく，その負の側面にも留意しておく必要がある．

今述べたことは，成熟した資格社会の副産物の一面である．では，なぜ社会はそうした道筋をたどるのであろうか？　そのメカニズムに，コリンズは注目した．コリンズは資格社会の先進国アメリカ合衆国の歴史を眺める中で，資格社会がもつ心地良いイメージ（オープンな機会，フェアな競争，実力本位の社会等）の虚像を浮き彫りにしようとした．彼の理論的基盤は，葛藤社会学である．彼のこの問題に迫る立場を知るには，ハルゼー（Halsey, A.）による整理が役立つ．図1-1は，それを集約表示したものである．彼の論述をもとに，若干の説明を加えてみよう．

まず教育は空気のように無限に存在するものでない以上，財として扱われる性質をもつ．典型的には教育産業が成立するように，少なくとも教育のある部分は，経済的営みの重要な構成要素となりえる．ただここでいう財としての教育は，もう少し広い意味においてである．すなわちハルゼーによれば，教育は消費財（consumption good），生産財（production good），地位財（positional good）の3種類の財としての側面を有する．第1に，たとえばわれわれが公開講座で万葉集について学び教養を高める場合は，消費財として教育を体験して

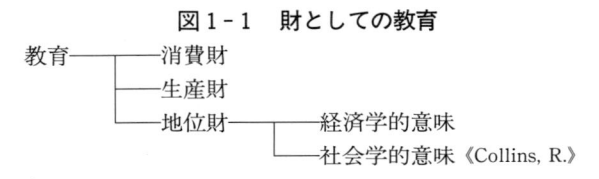

図1-1　財としての教育

```
教育─┬─消費財
     ├─生産財
     └─地位財─┬─経済学的意味
               └─社会学的意味《Collins, R.》
```

いる．第2に，医師になるため高額の学費をはたいて医大に進学する行為は，生産財として教育を体験するケースといえよう．これに関して特筆すべきことは，1960年代に脚光を浴びた人的資本論の考え方である．この考え方はさらに，公的なレベルと私的なレベルとに分けられる．公的レベルでいえば，教育に対する国家投資は，結果として労働生産性の向上をもたらしGNPの拡大に寄与する，というものである．しかしこれに対しては，コリンズ自身が述べているように，大学進学率の高さと経済成長率との無相関が痛烈な反証となっている[5]．また私的レベルでは，大学卒は高校卒よりも労働生産性が高く，したがって個人所得も高く，この関係があるかぎり大学進学志向が誘発されるという図式がある．しかしこの見方に対しても，さまざまな批判がなされている．たとえば，近年の大卒収益率逓減傾向と大学進学志向の増大傾向との同時進行を，人的資本論は説明しない，という批判である[6]．

第3に，教育を地位財として眺めることも可能である．ハルゼーはこれを更に経済学的意味の地位財と，社会学的意味の地位財とに分けている．経済学的意味では，労働市場におけるスクリーニングの手段として教育を活用する場合が想定されている．日本でいえば採用目安としての往年の指定校制度，今日も生き続けている大学間序列が隠微に機能している現実がその典型であろう．そしてもう一方の社会学的意味とは，集団による威信追求・地位競争としての側面である．ハルゼーはこの地位財における社会学的意味に着目する論者として，バーグ (Berg, I.)，ドーア (Dore, R.) と並んでコリンズをあげている．

このようにみてくるとき，コリンズ教育資格論の一般的位置付けは，社会的地位を形成する要因としての教育資格にかかわる階層化論，とみることができる．もちろん社会的地位のもつ威信に着眼したのはコリンズだけではない．ハルゼーのあげたドーアやバーグのほかに，古くはウェーバー (Weber, M.)[7]，ミルズ (Mills, C.)[8]，比較的最近では軽妙なタッチながらファッセル (Fussel, P.)[9] がいる．というより，教育資格が第一義的に地位追求の手段として求められる解釈は以前から存在していたものの，ただそのことが長い間，学問的に

35

取り上げられることが少なかったという経緯があろう．あるいは大学等への進学率が低い時代においては，さほど社会問題化しなかったという事情もあろう．その点では，高等教育が大衆化し，資格社会の到来が叫ばれて久しい今日，経済的な報酬とは別に，なぜ以前にも増して多くの者が教育資格に価値を認めようとするのか，これは十分考察に値する[10]．

3．文化市場理論

ハルゼーの分類と同じく，コリンズ自身にとっても教育は経済とのアナロジーでとらえられている．経済の仕組みが，モノの需要と供給および両者を媒介する貨幣で成立するように，教育においても同様なメカニズムが働き，そこに文化市場（cultural market）が存在する．すなわち，教育は文化市場内でのやりとりとして理解されている．これをまとめたものが，図1-2である．

まず文化市場内の3構成要素として，(1)文化財への需要（demand for cultural goods），(2)文化財の供給（supply of cultural goods），(3)共通の文化貨幣（common cultural currency）があげられる．

（1）文化財への需要

これは，さらに3種類の異なる需要として類型化され，図に示したとおり，3つの具体的教育需要として考えられている．すなわち教育を必要とする社会的存在としては，大きく個人，集団，国家のレベルが考えられる．たとえば，実践的技能を身につけ身の栄達を図りたいとする個人的動機がある．あるいは上流階層としての結束を図るため，集団によるエリート教育の必要性も考えられる．さらに国家統制のための重要な装置として教育に期待するのも，政治の常套である．

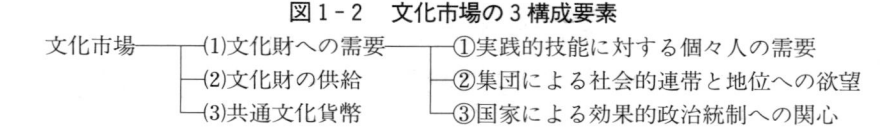

図1-2　文化市場の3構成要素

文化市場　―(1)文化財への需要――①実践的技能に対する個々人の需要
　　　　　├(2)文化財の供給　　　├②集団による社会的連帯と地位への欲望
　　　　　└(3)共通文化貨幣　　　└③国家による効果的政治統制への関心

(2) 文化財の供給

これは，コリンズによって具体的に幾つかあげられている．学校教師，学校の施設用具，文化活動を享受できる経済的余力あるいはそれをもつ階層，情報生産技術，などがそれである．いわばブルデューがいう文化資本に相当するもの，とコリンズもいう．

(3) 共通文化貨幣

これは，需要と供給を媒介する共通の尺度である．通常いずれの社会においても，支配的集団になじむエリート文化がそれに該当し，その文化を集約体現したもののひとつが教育資格である．つまり共通文化貨幣は，その社会で制度化されている教育資格にほかならない．

コリンズは，これらの3要素が社会と時代に応じてさまざまに絡み合うことで，具体的な教育状況が展開すると説く．コリンズにとって文化財への需要はなにより葛藤の場面である．彼の言葉を借りれば，「教育は実践的実用技能を求める闘争の一部であり，特定組織集団の文化的統合と威信を求める闘争の一部であり，そして公的組織による政治支配やその組織内での政治支配を求める闘争の一部分」[11]なのである．とくに彼が強調するのは，集団による教育需要である．言い換えれば集団と集団との間の，教育をめぐる熾烈な葛藤である．この集団は，コリンズに従っていえば，地位集団（status group）であり，また集団アイデンティティの感覚を共有する「意識の共同体」である．この集団を想起する上で欠かせない社会的背景は，非・中央集権的政治構造からくるアメリカ合衆国特有の教育支配の様相である．すなわち英国系新教徒，カトリック系教徒，少数民族集団，黒人，白人，財閥エリート，といった主として人種や宗教から派生する地位集団が，それぞれに自らの集団利益の維持・獲得に教育を利用する状況のことである．この地位集団あるいは身分集団の葛藤がエスカレートすると，やがて文化市場自体が硬直化し始める．もともと理念の上で，葛藤はフェアな闘いとしてスタートしたはずである．アメリカン・デモクラシーにいう「自由と平等」は，公平な闘いを保証するはずであった．しかし階層

化した集団序列は，特権的社会的ネットワークによって自由な闘いを制限していく．かくして，本来の開かれた市場では労働の値がフレキシブルであるのに対し，限られた社会的ネットワーク市場では逆に労働の値が吊り上げられていく．[12]

コリンズのユニークな着眼は，教育資格を共通文化貨幣として理解するところにある．彼の文化市場観においては，文化財の需要と供給を調節する役割を教育資格という貨幣が担っている．具体的にいえば，個人・集団・国家は，それぞれ自らによる教育支配に向けて，共通文化貨幣すなわち教育資格をあやつろうとする．この時，一般的には当該社会の支配的集団やエスタブリッシュメントが教育資格の中身を決めていく．しかしそれは技術面に傾斜したものというより，身分文化やライフ・スタイルといった性格のものである点がポイントである[13]．たとえば大学卒という教育資格に求められる内容は，理屈上は大学教育で身につけているはずの学習成果であろうが，コリンズ解釈ではそれは大学卒キャリアを当然視するような社会階層固有の身分文化なのである．したがって教育資格をレベル・アップすることは，形式的には知識・技能要件がより厳しくなる形をとるが，同時に知識・技能要件を容易にクリア可能な身分文化の持ち主をセレクトすることをも意味する．このことをセレクトされる側からみれば，相応の教育資格をもつことは一種の「市場能力」[14]を手にすることでもあり，この点，財産所有に基づく市場支配にこだわったマルクスとは異なって，ネオ・ウェーベリアンとしてのコリンズの特徴がうかがえる．

4．葛藤理論

コリンズが解明してみせた文化市場は，教育をめぐる葛藤の場でもある．そして彼がとりわけ注目したのは，身分集団間での社会的ヘゲモニー闘争であり，その際の鍵が教育資格であった．

彼の葛藤理論は，まさに彼が批判の対象とした機能理論と対比することで明確になる．教育に対する機能理論的見方に従えば，教育資格は技術知識の関数

であり，絶えざる技術革新に対応して職務上の技能要件も高まり，そのことが雇用要件としての教育資格をレベル・アップさせる．新卒者に求められる教育資格のミニマムが高校卒であった時代から，今日それが大学卒にかわろうとしている事実は，そのアップに見合うだけの職務内容上の変化があったからだ，と説明される．社会システムの各部分間の機能的整合性を優先する理論的立場からは，当然そうした解釈が行われる．

しかしひとたび機能的整合性を疑問視する側に立てば，この機能理論を否定する所見は多々存在する．たとえば，学校教育の成果のあかしとしての教育資格のグレードと，職務上の能力とは概して無相関であり，仮に見かけ上の相関があったとしても実は別な要素に起因するケースが多い．教育資格が保証し予知するのは，学校教育的知識の理解能力に過ぎず，現実社会での職務遂行能力までを予見するものではない．予見するものでないからこそ，On the Job Training が行われる．現実に雇用主は，職務に必要な資格要件をあいまいにしか把握していない．[15] また学校教育の学習成果が労働生産性や経済成長にプラスに寄与する場合は，せいぜい3 Rs の学習レベルすなわち初等教育レベルまでであって，それ以上のレベルの教育資格は概して経済発展とは無相関といえる．[16] こうした機能理論への批判は，裏を返せば次のような表現ともなる．すなわちマーフィー（Murphy, R.）によれば，機能理論は職業的成功に果たす社会的出自とか帰属的要因を認めようとせず，またそうした契機とかかわりをもつ教育資格を適切に認識していないのである．[17]

再びコリンズの葛藤理論に戻ると，教育資格要件のインフレを引き起こすものは，身分集団間の闘争である．そこには個人と個人の闘争ではなく，ひとつの身分集団に所属し連帯することで闘争を有利に展開しようとする人間的性向がある．ではコリンズの葛藤理論は，マルクス主義の葛藤図式とどう異なるのか？　マルクス主義では，個々の葛藤はやがて資本家階級と労働者階級の2大ブロック間対立に収斂し，前者による後者への支配が構造化する，とされる．しかし，現実は違う．少なくともアメリカ社会においては，資本家階級による

上からの教化が一方的に行われているのではなく，労働者階級も参加したミドル階級とアッパー・ミドル階級の間での身分集団闘争が展開されていったのである．多くの場合，この葛藤プロセスで利を得る集団は，支配的エリート文化に連なるアッパー・ミドル階級ではあるが，それはあくまでも結果であって，マルクス主義的な「規定路線」ではない．無産労働者が教育資格を獲得して上昇志向を抱き，そのうちのある者が目標を実現できるような階層間移動のダイナミズムは，マルクス主義理論の射程にはない．

　一方，マーフィーによって批判的機能主義者と呼ばれるブルデューは，コリンズ葛藤理論に対しどう位置付けられるのか？　ブルデューの位置は微妙である．というのは，彼はマルクス主義の葛藤理論に対してコリンズと立場を共有し，経済的下部構造よりも文化的要因を強調する側面をもつ．しかしコリンズ自身はブルデューとの明確な違いを意識している．一般にブルデューとパスロンの理論では，教育を介した文化資本の相続によって既存の階層構造が再生産されるというものであるが，コリンズはこれに異を唱える．すなわち，教育は単に親の社会的地位を相続するプロセスなのではなく，個人の教育資格獲得が職業達成に影響し，その結果が地位を決めるのである．その点ブルデュー等の議論は歴史的観点を欠き，教育制度比較を行っておらず，「組織的利害集団闘争の現実性をおおい隠す傾向[18]」をもち，それは，「マルクス主義理論でもなければ葛藤理論でもない[19]」として，自分との立場の相違を強調する．これを簡単にいえば，ブルデュー等は階層化を基本的に不変とみるのに対し，コリンズは階層化を作られるものとみる，といえる．

　このようにコリンズの教育資格論は，いわば徹底した葛藤論である．そして彼の理論の強みは，歴史社会学的なマクロ・レベルでの葛藤理論に日常レベルでのミクロな葛藤場面を加味し理論化した点であることは重要である．マーフィーがコリンズ理論を評価して次のように述べるとき，そのことをさしていると思われる．「コリンズ理論の価値は，その焦点づけの対象が学校の機能化から利益を得ようとする雇用者の権力に向けられていることにある．そのこと

は，仕事への教育的要求が技術的なものに基づいている（機能主義理論家による技術的対応説）と考えるのでもなく，また学校が資本主義経済に適合する（マルクス主義理論家による資本主義対応説）ことに焦点を当てたものでもない．むしろそれが注意を向けているのは，学校制度の機能化に資本主義企業が適合することにであり，そうした方向性は他の理論ではほとんど無視されている」[20]．ここでマーフィーがいう学校制度の機能化とは，すなわち，教育資格の付与権を介し学校制度が資本主義社会と結び付き，正当化された人材配分機能を行使していることをさしている．ただし敢えてコリンズ風にいえば，この機能のあり様を本質的に性格付けているのは学校ではなく，資本主義的企業を支配しているエリート的身分集団である．もっといえば，それら身分集団は，教育資格の内容にまで影響を及ぼしつつ身分集団間闘争を展開するのである．「教育は階層化現象を起こさせる支配闘争における武器」（コリンズ）[21]なのである．

5．残された課題

以上のように，ここではコリンズの葛藤社会学のうち特に彼の教育資格論に焦点を当てフォローしてきた．その上でどのような問題点が考えられるか，簡単にまとめてみよう．

第1に，コリンズの教育資格論の理論的有効性が問われねばならない．確かに生産手段の所有・非所有とは離れて，教育資格自体の社会的地位決定性は大きいと考えねばならない．学歴インフレの加速は，それを求め過ぎた社会的供給過剰現象である．しかし，コリンズのいう身分文化の体現物としての教育資格を更に規定している《別な要因》を視野にいれる必要があろう．今日，アメリカ合衆国においては，トップ・レベルの私立大学で学費が高騰し，中産階級・下層階級出身学生は実質上金銭的に機会排除されている．もはや，身分集団間の闘争自体が成り立たなくなりつつある．日本においても，地位の非一貫性状況の希薄化という形で同様な動きがみてとれる[22]．もちろん，だからといっ

てマルクス主義的な硬直した議論に回帰するのではない．現状に照らしてコリンズの視点をどう再解釈するかが課題である．

　第2に，コリンズ教育資格論を日本社会に当てはめたときの有効性が問われねばならない．一般に，コリンズのいう教育過剰や学歴インフレは日本でも進行しつつあるものと認められる．しかし一方で，コリンズの指摘する身分集団が日本に存在するか，これは疑問である．少なくとも彼のいう人種的・宗教的身分集団は，教育資格への圧力集団としては不在であろう．ただし，それと機能的に等価な身分集団として，日本的企業の存在を想定することは一考の余地があると考える．

　注）
　1)　日本の企業社会では，欧米型の「会社と個人は契約だけの関係」にはいまだ程遠い．転職者や第2新卒者も，肩身の狭い思いをしているのが実情だ（『日本経済新聞』1991年11月10日朝刊）．
　2)　資格概念の整理の例として，次を参照．依田有弘「資格制度の現実と可能性」原・藤岡編著『現代企業社会と生涯学習』大月書店，1988，92-93ページ．
　3)　教育の過剰については，次のもの．
　　　Burris, V.,"The Social and Political Consequences of Overeducation," *American Sociological Review,* Vol.48, 1983, pp.454～467.
　　　R. フリーマン，小黒昌一訳『大学出の価値』竹内書店新社，1977.
　4)　学歴インフレについては，次のもの．
　　　R. コリンズ，新堀通也監訳『資格社会』有信堂高文社，1984.
　　　R. ドーア，松居弘道訳『学歴社会　新しい文明病』岩波書店，1990.
　5)　Collins, R., *Theoretical Sociology*, Harcourt Brace Jovanovich, 1988, p.177.
　6)　Burris, V., op.cit., p.455.
　　　拙稿「大学進学行動試論」『大学論集』第20集，1991, pp. 249-266.
　　　またI. バーグ（Berg, I.）は，雇用主が教育資格取得者をより生産的であるとみなすのは，余り根拠がないという（Berg, I., *Education and Jobs,* Beacon Press, 1971）．
　7)　M. ウェーバー，世良晃志郎訳『支配の社会学I』創文社，1960.
　8)　C. ミルズ，杉政孝訳『ホワイト・カラー』東京創元新社，1969.
　9)　P. ファッセル，板坂元訳『階級』光文社，1987.
　10)　コリンズの次の指摘を参照．「すべての教育制度において，教育資格への需要

がそれに見合った報酬なくして高まるという似たような過程が存在する.」 Collins,R., "Some Comparative Principles of Educational Stratification," *Harvard Educational Review,* Vol. 47-1, 1977, p.25.
11) Collins, R., ibid., p.5.
12) Collins, R., "Conflict Theory and the Advance of Macro-Historical Sociology," Ritzer, G. (ed.), *Frontiers of Social Theory*, Columbia University Press, 1990, p.80.
13) この点, 技術にウエイトを置いた解釈をしているのがF. パーキン (Parkin, F.) である. コリンズとパーキンの教育資格観を対比した記述として, 次を参照. Murphy, R., *Social Closure,* Clarendon Press, 1988, pp.167-169.
14) A. ギデンズ, 市川統洋訳『先進社会の階級構造』みすず書房, 1977, p.105.
15) R. コリンズ, 潮木守一訳「教育における機能理論と葛藤理論」カラベル・ハルゼー編『教育と社会変動（上）』東京大学出版会, 1980, p.106.
16) Collins, R., *Theoretical Socilogy,* p.177.
17) Murphy, R., op. cit., p.31.
18) Collins, R., *Sociology Since Midcentury,* Academic Press, 1981, p.181.
19) Collins, R., ibid., p.181.
20) Murphy, R., "Power and Autonomy in the Sociology of Education," *Theory and Society,* Vol. 11, 1982, p.193.
21) Collins, R., *Some Comparative Principles of Educational Stratifications,* p.1.
22) 直井優「崩れ始めた平準化神話」『朝日ジャーナル』1989年4月7日号, pp. 14-19.

第2章 コリンズの社会学

1. 著作の概観

　コリンズが基盤としている理論は，葛藤理論である．葛藤理論家はたくさんいるが，その中でもコリンズの理論的立場は，ベンディックスとともにネオ・ウェーベリアン学派，あるいは集団的利害モデル（group interest）学派とも言われている．つまり，彼が念頭においているのはマルクスのような2元対立的葛藤ではなく，ウェーバーのいう多次元的な葛藤である．事実，彼の著作論文の中には，ウェーバー自身を直接扱ったものが著作で2つ，論文でひとつある．ウェーバー以外の特定人物を扱った著作は，ほかにはない．

　ここでは，まず彼の全著作・論文・書評その他の中から，1990年代初頭まで（厳密には1991年まで）の書評その他を除いた著作・論文45を整理してみた．表2-1が，それを示す．分類の枠組をどう設定するかについては，いろいろな可能性が考えられるが，今述べたようなコリンズ理論の特徴を考慮し，また彼の著書である『20世紀後半の社会学』(1981)での彼自身による分類の例をも参考にしつつ，5つに分けてみた．それらは，(1)科学社会学，(2)教育社会学（雇用・職業を含む），(3)葛藤社会学，(4)ミクロ社会学，(5)方法論・学問史，である．

表2-1　年代別主要著作・論文数

	科学社会学	階層化理論		科学方法論	
		教育社会学	葛藤社会学	ミクロ社会学	方法論・学問史
1960年代	2	1	0	0	0
1970年代	0	5	5	0	1
1980年代	6	0	1	7	12
1990年代	0	1	3	1	0

これら45編を年代順に並べてみると，興味ある傾向が読み取れる．まず第1に，1970年代には教育と葛藤に係わる著作・論文（以下，「教育」「葛藤」などと略）が圧倒的に多い．これに対し，それ以外では「方法」にひとつあるのみである．その唯一のものも，社会思想史的書物（マコウスキーとの共著）であり，厳密な意味での方法論とは少し異なる．第2に，1980年代に入ると「教育」「葛藤」に関するものが消え，一転して「ミクロ」「方法」分野の著作・論文が増加している．第3に，1990年代にはいると，「教育」「葛藤」「ミクロ」と各分野にわたって発表されており，新たな様相が感じ取られる．第4に，一見して分かるように,「教育」と「葛藤」，そして「方法」と「ミクロ」はそれぞれ補完的な関係にある．したがって,「教育」と「葛藤」は「階層化理論」に統合し，「方法」と「ミクロ」は「科学方法論」に統合することもできる[2]．第5に，「科学」はコリンズの学界デビュー期である1960年代に2つ（いずれもベン＝デビッドとの共論），そして1980年代にも散発的に発表されており，他の分野ほど年代的特性がみられない．

2．理論展開

(1) 1960年代後半

コリンズは，1966年に論文を2つ発表している．厳密にいえば，2つとも彼の理論的指導者ベン＝デビッドとの共同論文である[3]．いずれも科学社会学の手法で書かれている．それは，ある意味で当然である．なぜならベン＝デビッドが著名な科学社会学者であり，とくに彼の研究対象が科学研究に与える社会的影響の解明であったからである．共同論文「新しい科学の発生に及ぼす社会的要因」（1966）は，まさにベン＝デビッドのテーマでもあった．内容は，19世紀後半ドイツでの心理学を事例として，科学の発展にとって単にアイデアの中身だけでなく，そのアイデアを現実化させる社会的役割も重要だというものであった．しかし，この共同論文作成に際してのコリンズの貢献も認めねばならない．というのは，この論文のもととなったのは，部分的には彼のバークレー

での社会学修士論文であるからである．そしてケース・スタディとして心理学を選択した背景には，おそらく彼がスタンフォード大学で心理学の修士号を取得した事実も見逃せないだろう．

そして1969年，彼は「教育と雇用—階層化力学の研究」でカリフォルニア大学バークレー校からPh. D. を得た．この論文は内容的にはその後の彼の研究方向を示唆するものであり，とくに1970年代の一連の著作・論文の基礎論という性格をもつ．この論文で彼が解明しようとしたことは，第1に，アメリカの教育制度が発達してきた特有な条件，および学歴を身につけた者の供給を左右してきた条件，これらを探ることである．第2に，経済界で雇用基準を決める組織的条件と，学歴要件を構成する組織的条件とに関する研究を報告することである．そして第3に，アメリカ社会の変わりつつある教育の階層的位置付け

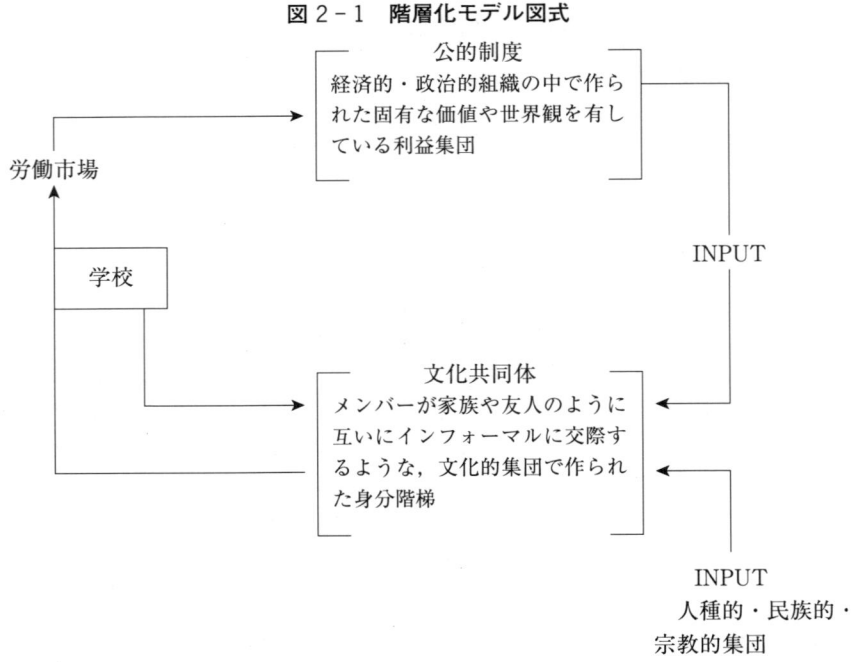

図2-1　階層化モデル図式

```
                         公的制度
                  ┌─────────────────┐
                  │経済的・政治的組織の中で作ら│
            ┌────→│れた固有な価値や世界観を有し│─┐
            │     │ている利益集団            │ │
  労働市場   │     └─────────────────┘ │
    ↑       │                                │
    │       │                                │  INPUT
  ┌──┐    │
  │学校│───┤
  └──┘    │
            │     ┌─────────────────┐
            │     │      文化共同体          │
            │     │メンバーが家族や友人のように│←┤
            └────→│互いにインフォーマルに交際す│  │
                  │るような，文化的集団で作ら │←┤
                  │れた身分階梯              │
                  └─────────────────┘
                                                INPUT
                                             人種的・民族的・
                                             宗教的集団
```

出典）　R. Collins, Ph. D., *Dissertation*, U–M–I Dissertation Information Service, 1990, p. 26.

を概観することである[4]．この目的のために彼が使用した概念が，階層化（論文の副題に使用されている）である．彼はその階層化モデル図式を，図2-1のように示している．

　この階層化モデル図式に特徴的なことは，公的制度と文化共同体が学校および労働市場を介して循環的に結び付いている点である．アメリカ社会では，人種や民族や宗教が社会の重要な構成要素となっているのは周知の事実である．それらはインフォーマルな文化共同体を形成し，さらに学校という公的な教育制度とかかわる．そしてフォーマルな社会的地位は，半ば必然的にインフォーマルな文化共同体を形成し，ここに循環が生じる．この循環の中で学校や教育制度が果たす役割を考察するところに，彼のユニークな視点がある．この Ph. D. 論文が発展しひとつの著書として結実したものが，1979年発表された『資格社会』である．階層化概念はその後の彼の葛藤理論構築の柱となり，とくに1970年代にはこの概念を扱った著作・論文が多い点も，注目される．

（2）1970年代

　1970年代に入ると，アメリカ社会学界ではパーソンズに代表される機能主義全盛の様相は一変し，理論的混迷期に突入した．とはいえ，この混乱そのものが機能主義への批判という形で生じたことを考えれば，この時点においても機能主義の媒介的役割を無視することはできない．

　1970年代に発表された彼の著作・論文は，他の年代に比べ「教育」と「葛藤」に関するものが，際立って多い．ここではまず，彼の葛藤理論構築への努力を，簡単に跡づけておこう．コリンズはもともと，パーソンズ理論，すなわち機能主義理論を批判することで，学問的キャリアをスタートした．しかし，少なくとも1969年のPh. D. 論文における階層化理論モデル図式の説明では，conflict の用語はなく，competition と struggle が使用されている．つまりこの時期，彼は彼自身の明確な葛藤理論的立場を鮮明にしてはいなかった．しかし，1971年に発表された有名な論文「教育における機能理論と葛藤理論」で，彼自身の葛藤理論的立場を明確に示した．この論文で彼は，抽象的な議論では

なく，職業的成功において教育資格の重要性がどうして高まるのかという疑問に答えている．彼は，機能主義理論は教育資格が技能水準を反映したものとしかみておらず，社会的出自や属性的要素を見落としている，と批判する．そして教育資格を求める葛藤は，身分集団の間の葛藤に起因するという．この論文で彼自身が「ウェーバー流の葛藤理論」と述べているように，彼の葛藤理論は明らかにウェーバーに影響を受けている．後に彼は，自分の立場を多次元的葛藤理論ともいっている．もちろん，ウェーバーを強く意識した上での立場である．

このようにコリンズは自らの立場を葛藤理論としているが，他の葛藤理論家との相違も無視できない．ここでまず指摘しておきたいのは，マルクス主義的葛藤理論との違いである．コリンズがマルクス主義的葛藤理論との相違を際立たせようとするのは，容易に理解できる．このことは，コリンズが依拠したウェーバー理論がマルクス主義を十分意識したものであったことからも推察されよう．コリンズは，「葛藤理論」と「マルクス主義」を対置させて，マルクス主義的葛藤理論そのものをコリンズのいう葛藤理論として認めないような言い回しを行い，「マルクス主義」は多様な葛藤で満たされる社会的現実を，「葛藤理論」ほどには説明できない，という[5]．一方，現代の有力な葛藤理論家であるダーレンドルフについて，コリンズは次の2点で彼を積極的に評価している．第1に，ダーレンドルフがマルクスとは異なり葛藤を財産でなく権力に由来するとみた点，そして第2に，現代社会の葛藤状況に焦点を当てた点，である．しかしダーレンドルフは権力行使による葛藤場面が多面的である現実に着目していない，とコリンズは批判する．ウェーバーに影響されながら葛藤の多面性に注目するコリンズにとって，かくしてダーレンドルフとも一線を画すのである．

このようにコリンズの葛藤理論は，これまでの葛藤理論が総じてマクロな枠組で展開されていたのに対し，現実社会の多様な場面における葛藤状況を努めて眺めようとする．彼はその具体的な事例を，1970年代に発表されたいくつかの論文で検討している．たとえば，1971年の「性的階層化の葛藤理論」では，

性による階層化が，権力・財産・地位などとともに性的魅力を求める行動と関係していることを示唆している．つまり，女性雇用差別に象徴される男性の女性支配が，生物学的理由と社会的理由とで作られているというのである．また1974年の「凶暴性の3つの顔」では，人間と人間社会に固有な暴力性が，必然的に葛藤を生起させることを突いている．コリンズによれば，現代社会ではあからさまな凶暴性は影を潜めたが，その一方で，組織化の進行による人間性喪失が思わぬ「無感覚な凶暴性」を発動させる危険があると警告する．そしてこの両極の中間に位置するのが「禁欲主義に基づく凶暴性」である．この3番目の凶暴性は，コリンズの階層化理論にとってとくに重要である．なぜなら一般に身分集団間で葛藤が生じる場合，それぞれの集団成員に対して禁欲を求め，それによって集団の連帯をはかることがあるからである．こうした種類の凶暴性による葛藤メカニズムが，社会の階層化を作り上げているともいえる．

　これらの論文にみられるように，コリンズ葛藤理論の舞台は，われわれの日常生活のレベルにある．古典的葛藤理論は比較的マクロな動きを抽象的に分析することが多かったが，コリンズはそのような試みに加えて，ミクロで具体的な分析も手掛ける．これら1970年代前半の具体性ある彼独自の葛藤理論を集大成したものが，1975年の『葛藤社会学』である．「説明力ある科学をめざして」という副題をもつこの著書は，彼の初めての単著であり，その後に出版されたいくつかの著書を含めても彼の代表作であることは間違いない．第1章のタイトルが「なぜ社会学は科学でないのか？」であるように，彼が本書でめざしたのは科学的社会学の構築である．彼にとってこれまでの社会学は，イデオロギー・実践的志向・美的感覚などに影響されるという理由で，必ずしも科学とはいえない．かつて一時代を築いた機能主義も例外ではなく，そのシステム理論はある種の事実を非現実的・逸脱的・悪いものとして排除する傾向があった，と彼はみる．この点，葛藤理論は暗黙の価値判断からもっとも縁遠い理論であり，葛藤理論こそが科学的社会学の基礎理論であるとコリンズは主張する[6]．その葛藤理論をさらに基礎付ける2大理論が，階層化理論と組織理論であり，社

会学の下位領域はこれら2大理論に包摂され，経験的応用領域として位置付けられている[7]．この時，階層化理論と組織理論は，職業という共通の構成要素をもつことで，互いを強化する関係にある[8]．しかしコリンズはこれら2大理論に含まれない領域を，とくにあげている．それは社会的相互作用あるいは社会心理学であり，他の領域とは異なった分析レベルで一般的かつ抽象的探求を行う領域である．コリンズがデュルケムを再評価し，エスノメソドロジーや現象学に言及するのは，この分析レベルである．デュルケム理論はこれまでしばしば機能主義的とみられてきたが，コリンズはデュルケム理論の中に相互作用に基づく儀式的要素を見い出し，このことが1980年代に入ってのち，コリンズ社会学をミクロな葛藤理論に発展させる端緒を作り出した．リッツァーをして，「コリンズの『葛藤社会学』が，ダーレンドルフその他の葛藤理論家よりはるかにミクロ志向の本である」といわしめたのは，まさにこの点に由来している[9]．

さて1970年代のもうひとつの特徴である「教育」について触れておきたい．1970年代には，メイン・タイトルまたはサブ・タイトルに "education (or educational)" を使った著書・論文は5つ発表されている．別な言い方をすれば，1960年代後半から1990年代まで発表されたものの中で「教育」を主要テーマにしたものは，1969年のPh.D.論文を除けば，1970年代にのみ発表されている．この点，先に述べた「葛藤」も事情がほぼ同じである．そして「葛藤」の一連の仕事の集約が『葛藤社会学』(1975)であるように，「教育」でのそれは『資格社会』(1979)である．つまり『葛藤社会学』において整理された葛藤理論を，教育の領域で応用してみせた成果がその本である．

ところで，なぜ彼が教育に関心を抱くに至ったかについては，現実的背景と理論的背景がある．第1に，現実的レベルでいえば，彼自身の生活体験に影響されている可能性は大である．すなわち，1954年（コリンズ13歳）のアメリカ最高裁による公立学校人種分離教育違憲判決，1955年（14歳）からのアラバマ州モンゴメリーにおける人種差別撤廃闘争運動（〜1956年），1963年（22歳）の

公民権運動の高揚と人種暴動続発，1964年（23歳）の新公民権法成立，1965年（24歳）の全米各地での黒人暴動頻発（〜1966年），1968年（27歳）の公民権運動指導者キング牧師暗殺，といった一連の黒人人種差別に絡む出来事の発生とコリンズの青春との重なりは，きわめて興味深い．さらに，公民権運動の広がりは，黒人を含めたマイノリティー全体の不平等撤廃運動にも発展しただけでなく，白人同士の宗教差別，女性差別（sexism），高齢者差別（ageism）も社会問題化させた．おそらくコリンズがこうした歴史的事実から何らかの精神的衝撃を受けたと推察するのは，不自然ではない．第2に，アカデミックなレベルでの背景も存在していた．1950年代から1960年代にかけて，教育の役割は子どもを社会化し必要な知識技能を与えて社会に送り出すことと考えられていた．その意味で，教育作用は社会に対して「機能的」であるという見解が支配的であった．しかし，1966年の『コールマン報告』にみられるように学力向上に対し学校教育の果たす役割は思ったほど大きくはなく，むしろ社会階級的要因が重要であるという指摘が行われるようになる．1972年の『不平等』（ジェンクス）も，職業達成に果たす学校教育の力に疑問を投じた．このような学問的雰囲気の中で，ネオ・マルクス主義の立場からは，教育が階級の不平等を再生産しているという急進的な考えが提示されてくる．これらの潮流は，教育の機会均等を実現することが必ずしも結果の平等を生まないという冷厳な事実をわれわれに突きつけた．そしてこの皮肉な現象を生み出す無視できない存在が，階級あるいは階層であるとの認識が次第に明らかとなった．コリンズの1970年代における「教育」への関心は，これら2つの要因によって助長されたものと思われる．

　ここでコリンズの教育への思いをまとめてみよう．彼にとってアメリカ社会における階層化は2つの層からではなく，より多くの層によって構成されている．そして階層を作り出すメカニズムは基本的に身分集団間の社会的葛藤である．それは具体的レベルでいえば，将来の社会的地位につながる職業選択をめぐる葛藤となって展開される．この時，就職（雇用）のための要件としての資

格が必要となり，とくに現代社会では教育資格の水準が就職のための重要な要件となっている．そして，もともと高等教育レベルの教育がもつ隠れた機能は，実践的知識の伝達というよりも可能性としてのエリート要員候補を公的に輩出することであり，したがって実態は通過儀礼に近いものであった．社会の発展は身分集団間の葛藤を助長し，より高い地位獲得のための機会確保として教育制度の拡張が求められた．社会的正義としての教育機会拡大は，このようにして開かれていった．高等教育進学率の上昇は，その結果である．しかし，この動きは教育資格保持者の供給過剰をもたらし，ここに資格インフレーションが発生する．学校教育は形骸化し，教育資格の価値が低落し，資格制度そのものの危機がやってくる．以上は，1970年代に発表された4つの論文とひとつの著書に示されたコリンズ教育論の要約である．とくに『資格社会』(1979)の1章，2章，3章はそれぞれ論文「教育の機能理論と葛藤理論」(1971)，「雇用のための教育要件が最も高いのはどの領域か？」(1974)，「教育階層化についての比較原理」(1977)にほぼ対応しており，階層化理論を教育現象に応用してみせた彼の試みの集大成が『資格社会』であることは，明確である．

(3) 1980年代

1980年代に入るとコリンズの興味は一転して方法論やミクロな領域に向けられる．すなわち，社会学の性格を扱う学問論，社会学を中心とした学問史，ウェーバーの学問論などを扱う「方法」の分野が一方にあり，他方で，彼独自のミクロ社会学構築への作業として「ミクロ」分野がある．そしてこの「方法」と「ミクロ」の2つの仕事をすることで，コリンズは彼のオリジナルな科学方法論を作り上げることを狙っており，これら両者が互いに補完的な関係にあると同時に「科学方法論」という大きなテーマで統合されることも可能である．そして1970年代の「階層化論」に集中された仕事に比べ，1980年代は圧倒的に「科学方法論」での仕事が際立っている．この変化の原因は，彼の社会学観に根差していると思われる．すなわち，葛藤理論の集大成である『葛藤社会学』で彼が目指したのは，方法論的にいえば説明力のある (explanatory) 科学の

建設であった．彼はその著書の中で600余りの命題を提示しており，これらが因果的に説明可能な材料となって，葛藤理論の基盤を構築するのである．つまりコリンズにとって，社会学を科学的なものにするためには，まず経験的に検証可能なレベルでの社会学をミクロ社会学として理論的に確立する必要があったのである．

さてコリンズのミクロ社会学を，集約的に表す概念として注目すべきは，「相互作用的儀式連鎖（interaction ritual chains）」である．事実，彼が1980年代に発表した著書・論文のうち多くがこの概念を取り上げている．したがって1980年代の彼の理論がこの「相互作用的儀式連鎖」をめぐって展開されたものと理解することは，妥当である．この概念が初めて提示されたのは，1981年の論文「マクロ社会学のミクロ的基盤について」である．その中でまず彼は，ミクロ社会学の貢献を2つ述べている．第1に，ミクロ社会学はすべてのマクロ現象をミクロで反復的な出来事の相互作用から成立するとみなすことによって，複雑な社会構造を因果的に説明できる．第2に，ミクロ社会学では，日常的なわれわれの行為が必ずしも合理的な認識や決断に基づいておらず，むしろお互いの暗黙の理解と合意に基づくことを明らかにできる[10]．コリンズはこのように述べて，そのミクロ社会学の中心に「相互作用的儀式連鎖」が位置付けられるという．そして，その「相互作用的儀式連鎖」の理論的な役割を次のようにまとめている．「ミクロな出会いからなるそのような鎖は，社会組織上の主要な特徴（権威，財産そして集団のメンバーシップ）を生み出すのであるが，それは〈神話的な〉文化シンボルや感情エネルギーを創造し再創造することによって行われる．社会構造全体をそうした〈相互作用的儀式連鎖〉に向けてミクロ的に翻訳（microtranslating）する結果，ミクロ社会学はマクロ構造の動と静の両方を説明する重要な道具となる[11]」．ここに示した引用には，「相互作用的儀式連鎖」に込められたコリンズの創造的な意味合いが，いくつか存在する．まず第1に，「出会い」という言葉である．「相互作用的儀式連鎖」の基本となる単位は，けっして個人ではない．もし個人が単位であれば，ミクロ社会学は心

理学と同等になってしまう．人間と人間の出会いという関係が，最小の単位なのである．第2に，社会組織や社会階層化の重要構成要素（たとえば財産）は，物理的なものを意味するのではなく，ある人間が別の人間に比べてものを有利に扱えるというミクロな人間関係に他ならない．第3に，ミクロ的な翻訳という用語について触れておかねばならない．彼は「私が提示しているのは，ミクロな還元ではなく，ミクロな翻訳である」という．[12] 一般にラディカルなミクロ社会学者は，観察可能なミクロ状況のみ，その存在を認める傾向があり，その姿勢はミクロ還元的である．しかしコリンズの見方によれば，マクロな状況は厳然として存在するのであり，ミクロな状況の集合によってマクロな状況が成り立つ現実は認めねばならない．したがってミクロな翻訳は，ミクロな出来事の間を結び付けるマクロ構造的リンケージを示すことでもある．

では，「相互作用的儀式連鎖」は一体どのようなメカニズムなのか？　コリンズは1981年の論文「マクロ社会学のミクロ的基盤について」以来，かなりの著書・論文の中でその説明を試みている．ここでは1989年の論文「構造化のミクロ理論に向けて」を主に参考にしながら，コリンズの「相互作用的儀式連鎖」を紹介する．人間はそれぞれ2つのタイプの資源を有している．ひとつは，文化資本（cultural capital），もうひとつは感情エネルギー（emotional energy）である．そして文化資本は，さらに「一般化された文化資本」と「特殊化された文化資本」の2つで構成される．「一般化された文化資本」は，知識，地位，権威などの資源であり，インパーソナルなシンボルである．これに対し「特殊化された文化資本」は，個人がもっている固有のアイデンティティ，社会的評判，個人的なネットワークなどである．また感情エネルギーとは，個人が状況の中で動員できる感情のレベルとタイプとから成っている．各個人はこれらの資源を保有しながら，特有な利害に導かれて出会いを体験し，交渉を行う．コリンズにとってその特有な利害とは，集団の一員になることであり，できればその集団の中で権力ある高い地位を目指すことである．したがって各個人は相手との交渉の中で，もしこの利害の観点から十分な資源報酬が

第2章　コリンズの社会学

あれば，保有している資源を消費し投資する．この時，お互いの資源が等しければ，2人の関係はパーソナルで比較的長続きする．逆に資源の保有が不平等であれば，インパーソナルになりやすく，関係は長続きしない．ところでこの出会いによる交渉は，一般的に合理的な計算のもとに行われていると考えられやすいが，通常はむしろ非合理的に為される．なぜならば人間の認識能力は限られており，一度にたくさんの情報を合理的に処理することは本来不可能である[13]．ではどのようにして，人は行為に向けて動機付けられるのか？　それは，コリンズのいう感情エネルギーに掻き立てられるからである．コリンズにとって感情エネルギーは，愛や憎しみや喜びなどの特殊な感情の基礎にある，もっと一般的な感情を意味する．したがって個人の保有する文化資本という資源を動かし行為を起こさせる力は，本質的に感情エネルギーなのである．

　さてこのように人間と人間が交渉することによって，集団成員であることをめぐる人間関係が展開し，それぞれの文化資本と感情エネルギーの保有状態は当然，交渉以前とは変化してくる．コリンズはこのメカニズムを「ゴッフマン的意味における儀式」という．もっといえばデュルケムの宗教理論にもさかのぼるという．なぜなら，デュルケムの宗教理論は，儀式が道徳的連帯性をつくることを述べたものだからである[14]．要するにコリンズは，これら先達者たちの儀式理論をさらに一般化させ，日常的なあらゆる出会いの基本プロセスが本質的に儀式であることを示そうとしたのである．こうして出会いが儀式であることが示された．このように，社会には多くの相互行為的儀式を介して多種多様の出会いがあり，その出会いの性格（関係の濃さ，その長さ）によって，多くの人間関係が存在することが分かる．コリンズにとって，マクロな社会構造は反復的なミクロ的交換の集合なのである．

　以上のように1980年代に入ってコリンズは，そのミクロ社会学の理論的作業に多大な関心を注いだ．表2-1で「ミクロ」に分類された論文はすべてその成果である．一方で，「方法」に分類された著書・論文の多くも，それ固有の目的をもちながらもミクロ社会学を理論的に補完する関係にある．たとえば，

1982年の著書『社会学的洞察』は,「あいまいな社会学への誘い」という皮肉なサブ・タイトルをもっている．この著書でコリンズは,伝統的社会学が前提としている社会についての明白なイメージに疑問を提出し,事実はその逆であると解く．すなわち,人間の推理力は非合理的基盤に基づいており,人間社会は合理的同意にではなく情緒的プロセスで支えられている,と主張する．そして日常生活における宗教の儀式的役割に着目する．この簡潔にまとめられたテキストは,彼の「相互作用的儀式連鎖」理論と同じ線上のものであることは,明らかである．1985年の著書『社会学の3つの伝統』も,その意味で同じである．ところで社会において非合理的なものの果たす役割への洞察は,当然,社会学方法論に関係することとなる．今日,数量的手法と非・数量的手法が非生産的な方法論的対立をしている現実がある．しかし,コリンズのいう「あいまいな社会学」を因果説明的に展開する上で,このような方法論争はさして意味がない．1986年の論文「1980年代の社会学は沈滞しているか？」は,科学社会学的性格をもつ論文であるが,この種の方法論争に焦点を当てている．1989年の論文「社会学—それは科学を促進させるのか,それとも逆行させるのか？」も同じような関心のもとに書かれたものである．

　さて,1980年代以降のもうひとつの特徴を上げておく．厳密にいえば,1980年代半ば以降の動きというほうが,正確かもしれない．それは,多次元性(multidimensionality)への彼の着目である．彼にとっての多次元性の意味は,彼による葛藤現象の説明の中に示唆されている．「葛藤は多くの要素の中の一要素というだけでなく,様々なもののまさに多次元性,言い換えれば世の中を作り上げている様々な集団,利害,見方の複合性を表現したものだ」[15]．コリンズがそもそもウェーバーの葛藤理論の中に,このような意味での多次元性を見い出しそれを積極的に評価してきたことは,良く知られている．彼がデビューした頃からすでに「ネオ・ウェーベリアン」と呼ばれるのも,そうした背景があった．しかし,彼が多次元性という用語を使用し始めたのは,1985年になってからである．このきっかけとなったのは,ネオ・ファンクショナリストであ

るアレグザンダーの全4巻からなる大著『社会学における理論的ロジック』(*Theoretical Logic in Sociology,* 1983) であると思われる．というのは，多次元性という用語は，もともとアレグザンダーがこの著書でパーソンズ理論を積極的評価する際に独自に用いた概念であり，コリンズはその2年後，アレグザンダーのその本を書評する中で，それを初めて取り上げているからである．そしてその書評と同じ年，『社会学の3つの伝統』で「ウェーバーと階層化の多次元性」と題する1節を設け，さらに1988年の『理論的社会学』では，「多次元的葛藤理論と階層化」という1章を設けている．このような1985年以降の多次元性への着目とその理論展開は，コリンズ自身の葛藤理論の変容にとって重要な意味をもつと思われる．

　ネオ・ファンクショナリストたちは，とくに前期パーソンズを肯定的に評価しており，基本的に機能主義に連なるとはいえ葛藤要因を重視する傾向がある．コリンズは，アレグザンダーもそうであるとみなしている．アレグザンダーは，多くの社会学者の中でパーソンズだけが完璧な多次元性の必要性を認識していた，と考えている．実際，アレグザンダーは『社会学における理論的ロジック』の中でマルクス主義的立場からのパーソンズ批判をする一方で，その著書の半分を費やしてパーソンズを擁護している．こうしてみると，コリンズはアレグザンダーの主張に対し，同意しているように思われる．しかしコリンズはアレグザンダーが多次元性に焦点を当てたことは積極的に評価しているが，その多次元性の解釈では必ずしも同意しているわけではない．なぜならばアレグザンダーは行為の完全な多次元的システムをまだ構築させていないのであり，むしろ一般的な理論に留まっているからである．要するにアレグザンダーの理論は「抽象的な多次元的モデル」（コリンズ）なのである．[16] ではコリンズにとっての多次元性は，どのような意味をもつのか？　彼は，多次元性はア・プリオリであるというより，もっとプラグマティックであって事実に根差したものだ，と述べている．そして彼は「葛藤理論はネオ・ファンクショナリズムよりも，基本的に多次元的であると主張することさえ可能だ」とまで言い

切っている[17]．

　ここでは，コリンズとアレグザンダーの論争を詳述するのが目的ではない．要点は2つある．第1は，1980年代半ば以降，コリンズが多次元性問題に接近するにつれ，彼自身のうちにミクロとマクロの統合への関心が高まっていったという点である．第2は，第1の変化と並行して，それまでミクロに比重を置いていたのに対し，マクロの見直しがうかがえるようになった点である．これまで述べたように，1980年代に入ってコリンズが取りかかったことは，マクロを意識しながらも，第一義的にはミクロ社会学の構築であり，そのための「相互作用的儀式連鎖」を核とした理論化であった．その作業を進める中で，ある意味で「ミクロ志向の極端主義者」(G.Ritzer)と評されるほどに，彼はミクロ社会学に埋没していった．彼の仕事を年代順に追ってみても，確かにそのことが察せられる．事実，コリンズ自身，これまでの『葛藤社会学』(1975)や「マクロ社会学のミクロ的基盤について」(1981)や「理論構築戦術としてのミクロ的翻訳」(1981)の中ではミクロの重要性を強調し過ぎた，と後になって述懐している[18]．アレグザンダーが提示した多次元性の概念は，もともとミクロ—マクロの統合に関心のあったコリンズに対し，マクロ次元への揺り戻しを起こさせた．その意味で注目されるのは，1988年の論文「マクロ社会学へのミクロな貢献」である．そこでコリンズは，次のように述べている．「ミクロ—マクロの翻訳によって次のことが示されている．あらゆるマクロなものがミクロから構成されており，逆にあらゆるミクロなものは，マクロを構成しているものの一部である．ミクロなものはマクロな文脈の中に存在している．そしてそのマクロな文脈は，空間と時間の中に広がっている他のミクロ状況の出来事が枝分かれしたものの中にきちんと存在する．そうした理由から，ミクロ—マクロの連結はどちらの方向からでも十分可能だ」[19]．これはマクロのミクロ的翻訳というこれまでの立場が修正されていることを示す．すなわち，コリンズのミクロ社会学は，よりバランスのとれたアプローチへと展開してきている．

（4）1990年代以降

　このようにして1990年代に入ると，コリンズの関心はマクロな歴史社会学に向けられる．具体的には，専門職や性をマクロな歴史的な葛藤理論の立場から考察している．また理論的には葛藤理論とネット・ワーク理論との統合を模索している．これらは明らかに彼のマクロへの回帰を示唆している．しかし彼の基本的な立場は変わっていないとみるべきである．その立場とは，われわれの社会が，ミクロ・レベルとマクロ・レベルとの双方のレベルで，葛藤によって構成され，動かされているというものである．そしてこの立場は，常に権力や身分の問題をめぐって展開されている．

　以上のようにみてくるとき，コリンズのこれまでの活動は，時期的にかなり明確な区切りをもつといえよう．すなわち，①デビューした1960年代後半，②葛藤理論の構築に努力しながら，教育と雇用および職業という具体的場面で葛藤理論を応用してみせた1970年代，③マクロな葛藤場面を意識しつつも，ミクロな方法論による補完作業に専念した1980年代，④1980年代からの動きをさらに発展させ，バランスのとれたアプローチを模索する1990年代，である．ここでは，1990年代初頭までの活動しか分析の対象としなかったが，著者によれば1992年以降，2000年までに著作で1編，主要論文で13編を発表している．その著作のタイトルは『マクロ的観点から見た歴史』であり，その他いくつかの論文タイトルには「近代化」「資本主義」「民主化」「世界史的観点」などの言葉が散見され，またアメリカ，ドイツ，ソビエト，日本の国ぐにのマクロ的将来見通しについて，それぞれ単独論文を著すなど，比較的にマクロ社会学への傾斜を示しているようでもある．彼の理論が今後どのように展開するかは，明確には予測しがたい．確実にいえることは，彼が葛藤理論のミクロとマクロのレベル統合をさらに模索していくだろうということである．

注）
　1）　*Sociology Since Midcentury* では，彼の幾つかの既発表論文を5つのセクシ

ョンに分け，それぞれのタイトルを，1．歴史社会学の発展，2．構造主義と葛藤，3．教育社会学，4．ミクロ社会学における新機軸，5．超保守派と新保守派，と名付けている．葛藤理論のセクションを特別に設けなかった理由は，この本全体の基調が葛藤理論であるからだ，と彼は述べている．R.Collins, *Sociology Since Midcentury,* Academic Press, 1981, p.6.

2) 1970年代発表の11論文中の4論文には，stratificationがメイン・タイトルまたはサブ・タイトルに使用されている．また『葛藤社会学』(1975) の第2章および第3章はそれぞれ「階層化理論」「ミクロ社会学と階層化理論」というタイトルである．したがってコリンズの場合，「階層化理論」が「教育」と「葛藤」の統合概念として思念されていると考えてよい．

3) コリンズは，ベン＝デビッドを「わがボス」と呼ぶ (R. コリンズ，新堀通也監訳『資格社会』有信堂高文社，1984，273ページ)，またコリンズは，1964年から1965年までバークレー国際研究所・客員研究員をしていたベン＝デビッドとともに，学生の比較教育学的研究に従事していた．

4) Collins, R., *Education and Employment : a Study in the Dynamics of stratification, University of California,* Berkely, Ph. D., 1969, Sociology, by U-M-I Dissertation Information Service, 1990, p.46.

5) Collins, R., "Conflict Theory and the Advance of Macro-Historical Sociology," Ritzer, G. (ed.), *Frontiers of Social Theory,* Columbia Univ. Press, 1990, pp.68-70.

6) Collins, R., *Conflict Sociology : toward an explanatory science,* Academic Press, 1975, p.21.

7) コリンズが例としてあげている領域は，教育，宗教，共同体，職業と専門職，産業社会学，科学社会学，社会移動，家族，である (Collins, R., ibid., p.42.).

8) Collins, R., ibid., p.41.

9) Ritzer, G., "The Current Status of Sociological Theory : the new syntheses," Ritzer, G. (ed.), *Frontiers of Social Theory,* Columbia Univ. Press, 1990, pp.6-7.

10) Collins, R.,;"On the Microfoundations of Macrosociology," *American Journal of Sociology,* Vol. 45-6,1981, pp. 985.

11) Collins, R., ibid., p.985.

12) Collins, R., "Micromethods as a Basis for Macrosociology," *Urban Life,* Vol. 12,1983, p.187.

13) この点が，合理的な社会的交換を主張する交換理論とコリンズのアイデアとの大きな相違である．

14) Collins, R., *Theoretical Sociology,* Harcourt Brace Jovanovich, 1988, p.227. そこでは儀式の要素として，①集団が物理的に場所を同じくすること，②共通

の関心対象を互いに認識すること，③感情的ムードを共有すること，をあげている．

15) Collins, R., *Three Sociological Traditions,* Oxford Univ. Press, 1985, pp.84-85.
16) Collins, R., *Theoretical Sociology,* p.73.
17) Collins, R., "Jeffrey Alexander and the Search for Multi-Dimensional Thenry," *Theory and Society*, Vol. 14, Fall, 1985, p.890.
18) Collins, R., "Interaction Ritual Chains," Alexander, J. C. et al., (eds.), *The Micro-Macro Link*, Univ. of California Press, 1987, p.195.
19) Collins, R., "The Micro Contribution to Macro Sociology," *Sociological Theory,* Vol. 6, Fall, 1988, p.244.

第3章　資格社会の特質と日本的展開

1．資格社会としての日本

　今日，日本においても年々新たな種類の資格が誕生し，既存の資格もさらにグレードを細分化したりする．しかしながら企業横断的資格の未発達なわが国では，欧米的資格社会の到来には疑問視する向きもある．そうした中で，学歴取得への国民的需要は根強いものがある．学歴を就職のための要件と考えれば，それも資格の一種である．大学進学志願率の上昇傾向は，この種の資格に対する人気度を端的に物語っている．このように眺めるとき，日本的資格社会の本質は一体どのように捉えることができるのか．

　幸い，コリンズがアメリカ社会を対象とし，資格社会の本質に鋭く迫った例を，われわれは知ることができる[1]．周知のようにコリンズは，人種・宗教的な身分集団が資格をめぐってアイデンティティ闘争を展開する様を描いた．彼の分析のキイ・タームを大胆に摘出するとすれば，それは資格社会の機能的形骸化とその階層化過程に果たす役割，と表現できるだろう．ただそのコリンズも，アメリカ社会の事情を反映して闘争主体を人種・宗教的な身分集団に求めている限りでは，日本社会の分析に際しては違和感を禁じ得ない．

　そこでここでは，戦後日本の資格社会的様相をコリンズ的観点から分析し，とりわけ教育資格をめぐる諸問題について考察してみたい．その際のポイントを3つ挙げておく．まず第1に，日本と欧米とでは教育資格の位置付けが異なり，そのことが日本での資格論議に特有な曖昧性を与えている．第2に，にもかかわらず資格それ自体には，属性的要因と結び付いた社会閉鎖機能が共通してある．第3に，教育資格が有効に機能するためには，形式的な意味での教育の自律性が不可欠であり，とくに戦後日本では企業がこの自律性を前提にしつつ教育資格を利用している構図が存在する．

2．クレデンシャリズムの概念

　われわれが資格というとき，その中身は必ずしも明確ではない．資格をさらに整理した例もあるが[2]，ここでは主として日本社会を念頭におきつつ，次のように分類しておきたい．それらは，①教育資格，②職業資格，③職能資格である．そして，②の職業資格はさらに3つに区分され，(1)国家資格（法律によって資格取得要件が定められているもの），(2)公的資格（所轄官庁の認可に基づき各種外部団体の実施になるもの），(3)民間資格（任意の民間団体が付与するもの）に区分される．それぞれについて，若干の説明を加えておく．①の教育資格は，いわゆる学歴に相当するものであり，ここでの主題とはもっとも概念的に密接な関係にある資格である．②の職業資格は，程度の差こそあれ何らかの形で職に就くための要件を規定している資格である[3]．一方，③の職能資格は，日本企業の労務管理政策の一貫として導入された一種の身分称号であり[4]，特定企業内でしか通用しない．このように整理するとき，ここで取り上げるのは，資格のうち主として教育資格の側面であり，またそれが他の資格と制度的に連動する度合いに応じてその他資格も考察の対象に入るものとする．

　ところで，資格つまりクレデンシャルとクレデンシャリズムとは異なった概念である．その理由としては，第1に，資格は本質的にモノであるのに対し，クレデンシャリズムは，資格とりわけ教育資格に基づいて人材を選別するというダイナミズムを表現するものである．第2に，クレデンシャリズムの発達が必然的に意味する中身は，教育資格取得の過程が矮小化され，実体を欠いた教育資格が象徴的に求められる傾向である．とくに第2の側面でいえば，教育資格が特定身分集団のメンバーシップと結合しやすい点も看過されるべきではない．

　さて教育資格の濫発がクレデンシャリズムに発展する性格をもつことについては，つとにウェーバーが示唆したところである．すなわち，社会の合理化が試験制度の発展をもたらし，教育免状創出が社会的特権層の形成に結び付くと

いうのである[5]．一方，コリンズは，教育資格の技術的担保能力に疑義を投じ，むしろその効用は社会的で抽象的な交換価値能力にあると説く．したがってコリンズにとっての教育資格は文化貨幣（cultural currency）であり，使用価値ではなく交換価値が第一義的に問われるものとなる．これら両者に対しブルデューは，教育資格の貨幣的性格はその資格保持者の人間性に拘束されるため必ずしもパーフェクトな流通はないと述べる[6]．そしてウェーバー的合理化を別解釈し，学校教育は教育資格付与によって非合理的選別の合理的正当化を行うと主張する[7]．これら3者は，細部にわたる議論の相違はあるものの，基本的な共通点ももつ．すなわちそれは，教育資格が「制度化された文化資本」（ブルデュー）に転化する性質をもち，その転化は教育資格の本来的機能喪失と裏腹に進行する，という視点である．

ここで注意しておきたいことは，教育過剰（overeducation）とクレデンシャリズムの関係である．一般にクレデンシャリズムは教育過剰を伴う概念であるが，新古典派経済学による教育過剰の説明とは，立場を異にする．たとえば，新古典派経済学者フリーマンによれば，教育過剰は一時的な労働市場の不均衡現象であり，教育投資収益率を媒介にして過剰の解消へ向かうものとされる[8]．これに対し，コリンズは身分集団間闘争が続くかぎり資格インフレーションは不可避であり，したがってクレデンシャリズムの不可逆性を説く．またサローによる仕事競争モデルにしても，資格取得志向者の他人同調的行動が前提にあり，教育資格取得のための「防衛的支出」（サロー）を各私人が競う限りにおいて，社会全体は教育への過剰投資を続ける，と説く[9]．いずれにせよ，ここではクレデンシャリズムが教育過剰，あるいは教育拡張という今日の量的趨勢と不即不離関係にあることを確認しておく．

3．クレデンシャリズムの3類型

一般に資格社会とはいうものの，その社会のフォーマルな各種制度，インフォーマルな社会慣行のあり様によって形態は多様である．具体的にいえば，当

該社会における教育資格や職業資格の位置付けによって，資格社会の性格も異なってくる．とりわけ教育資格に関していえば，その存在様式はすなわち当該社会のクレデンシャリズムを表現するものとなる．

ちなみに，アメリカ，欧州，日本の場合を取り上げて，それぞれの社会のクレデンシャリズムはどのような現れ方をするかを，類型的に眺めてみよう．類型化にあたって参考にする文献は，地位達成過程にかかわる各国比較の例である．ここでは，アメリカ・イギリス・日本を対象とした石田浩[10]，ポーランド・アメリカ・旧西ドイツを対象としたクリムコウスキー[11]，アメリカ・フランスを対象としたラモンとラロー[12]，そして日本・イギリスを対象としたマコーミック[13]を取り上げる．

まず石田によれば，地位達成過程における教育資格の比重はアメリカ，イギリス，日本とも増大傾向にあるが，3国比較でみるともっとも顕著なのがアメリカ，次いでイギリス，日本の順となる．また教育資格の効用指数としての大卒収益率も，アメリカが突出して高い．一方イギリスでは，継続教育で取得される職業資格の高収益率が目を引く．総じて教育制度と労働市場との関係でいえば，アメリカとイギリスではリカレントを含む両者の相互浸透が発達しているのに対し，日本では離学時を境にしてほぼ制度的に分断されている．

次にクリムコウスキーの3カ国分析によると，教育制度と職業構造の連携がもっとも弱いのはアメリカであり，その理由として，①職業教育が発達する以前にOJTが先行していた，②中等教育指導者たちが職業教育に熱心でなかった，③職業教育は早期のトラッキングを招来し社会移動機会をせばめるものとして労働者階級に支持されなかった，などを挙げている．そして他の2国に比べ旧西ドイツは，社会的再生産の上で教育制度がもっとも大きな役割を占めており，その淵源は職業志向の早期選抜制度にあるという．これらのことから職業的成功に関するクリムコウスキーの結論は，旧西ドイツ，ポーランドでは複線型教育制度による就職ルートが発達しているのに対し，アメリカでは制度的というよりは個人の私的教育達成度に比較的多くのウエイトがおかれてい

る，といえよう．

　さらにラモンとラローは社会的再生産における文化資本概念に着目し，とくにフランスのそれと，アメリカのそれとの異同を問題にしている．結論的にいえば，アメリカ社会はフランス社会ほど強く階級が分化しておらず，ブルデューが『ディスタンクシオン』で述べたような「階級的人種差別（class racism）」は，アメリカではフランスほどにはみられない，という．その理由として列挙されているのは，アメリカ社会を特徴付ける高い社会的・地理的移動率，文化的地域主義，人種の多様性，政治的地方分権などである．本章の問題意識からとくに重要となるのは，アメリカ社会がフランス社会よりも高い社会的流動性をもつ，という示唆である．

　一方，マコーミックは，「職業準備を意識した教育」（vocationalism）をめぐる西欧（とくにイギリス）と日本との意識ギャップを指摘している．一般に西欧で職業教育が議論される時，まず問題になるのは雇用者側の不満であり，それらは，①学校カリキュラムが過度にアカデミックであり，②教育資格は労働者雇用に際して余り役立たない，というものである．ところが日本では，そうした発想からの雇用者側不満はまず見い出せない，とマコーミックはいう．なぜなら日本の雇用哲学は，象徴的にいえばそれは即戦力の採用にではなく潜在的可能性の発掘にあるからである．したがって日本の教育では幅広いアカデミックな学習に力点がおかれ，職業資格よりも教育資格の発達が助長させられるメカニズムが胚胎する，という．

　以上のような各国の特徴を踏まえて，欧州，アメリカ，日本の資格事情を大胆に類型化したのが図3-1である．各類型は，教育資格の充実度と職業資格の充実度の組み合わせにより導かれる．充実度は，あくまでも相対的な意味合いにおいてであり，絶対的なものではない．まず教育資格においても職業資格においても充実している類型として，アメリカを想定できる．次に教育資格よりも職業資格の充実に特徴のある類型として，欧州を想定できる．さらに貧弱な職業資格の一方で教育資格が重宝される類型として，日本を想定できる．な

おついでにいえば，資格とは無縁な類型として，いわゆる世襲社会やコネ社会が想定できるであろう．では，クレデンシャリズムの観点からみると，どうであろうか．クレデンシャリズムの実態は，先述したとおり教育資格の表面的な充実と裏腹に進行する中身の形骸化である．とすれば，教育資格のみが突出する

図 3-1　資格の 4 類型

		教育資格	
		＋	－
職業資格	＋	＋　＋ （米）	－　＋ （欧）
	－	＋　－ （日）	－　－ （X）

注）Xに相当するのは，世襲社会・コネ社会が考えられる．

（＋，－）類型がもっともクレデンシャリズムと馴染みやすく，以下（＋，＋），（－，＋），（－，－）の順となる．

ただし，この類型は，あくまで理念型に過ぎず，若干の補足説明が必要であろう．まずアメリカと欧州の比較では，アメリカのほうが教育資格において発達している．それを端的に裏づける数値としては，人口千人当りの大学院学生数がある．イギリス6.6人，フランス3.4人に対し，アメリカは7.6人である[14]．これはアメリカにおいて，修士学位，博士学位などの高度な教育資格が，多少のミス・マッチはあるとしても，社会に受け入れられている現実を示すものである．コリンズによれば，このような土壌を育んでいる背景は非中央集権的構造であり，それが大衆規模の教育資格需要を加速させ，資格インフレーションを生み出している[15]．

これに対し職業資格の面では，欧州諸国がアメリカより比較的整備されている．一般に欧州では離学年齢がアメリカより早期であるが，逆にそれだけ徒弟制度，継続教育が充実し，職種に応じた多様な職業資格が用意されている．しかもそれらが全国的な外部労働市場において通用する．一方，アメリカでは，たとえばプロフェッショナル・スクール修了学位は，実態は職業資格的なものでありながら厳密には教育資格である．つまりアメリカでは，教育資格が各種職業資格と有機的に連携し，教育資格の充実が結果的に職業資格の充実を担保しており，欧州の事情とは異質である．同じようにクレデンシャリズム論を展

開しながらも,コリンズとブルデューの間に視点の相違がぬぐい切れないのは,アメリカと欧州とのそうした差が原因している.換言すれば,コリンズは,教育資格による階層化の代謝を認める立場であるのに対し,ブルデューは,基本的に教育資格が階層化の代謝を阻む手段である,とみなしている.[16]

　一方,日本は大学進学率ではアメリカより低いが,イギリス,フランス,旧西ドイツよりは高い.しかし成人学生も含めた大学院の充実度からみれば,これら諸国よりは遥かに見劣りがする.「学歴社会ではなく学校歴社会である」といわれるのも,業績的地位というより個別教育機関の属性的地位が生き続けていることの証左である.教育資格よりはるかに未発達なのが,職業資格である.この点については,天野郁夫がその歴史的経緯を詳しく述べているように,結果的に未整備な職業資格を教育資格が機能的に補完する,つまり教育資格の職業資格化を促進させることとなっている.[17]具体的には,限られた職業資格の多くがその応募要件として教育資格のグレード設定(「高卒以上」とか「大卒以上」などの条件提示)を行っているのがその一例である.ただし同じ教育資格の職業資格化であっても,アメリカの場合が実体を伴うのに対し日本の場合は形式的でしかないことに留意する必要がある.このようにみるとき,日本における教育資格は,アメリカ・欧州の場合に比べ曖昧さをはらみ,そのことがクレデンシャリズム度を高める要因となっている.

4. クレデンシャリズムの社会閉鎖機能

　クレデンシャリズムは産業化に伴うひとつの趨勢であるとしても,その現れ方は当該社会の他の特質ともあいまって,必ずしも同じようなケースをたどらない.にもかかわらず,クレデンシャリズムが本質的に内包する機能を想定することは可能である.たとえば石田浩は,日本,アメリカ,イギリスのいずれの国においても,高等教育機関レベルへの教育機会が閉鎖的性格を増加させているとし,さらに,「生得的要因が学歴を経由して社会経済的地位へ影響を与える間接効果がある」ことを確認している.[18]石田の場合,日本のデータは1975

第3章　資格社会の特質と日本的展開

年実施の「第3回社会階層と社会移動全国調査」（SSM調査）に基づいているが，直井優は1985年実施の第4回SSM調査に基づき，日本での同様な兆候を見い出している．すなわち，日本社会全体の開放性係数を測定した結果によると，1975年時点よりも1985年時点のほうが低下しており，閉鎖社会への反転兆候が裏付けられている[19]．もちろん，このことがただちにクレデンシャリズムに結び付くとはいえないが，クレデンシャリズムの機能を推測させるには十分といえる．ここではこの機能を，社会閉鎖（social closure）機能として，以下，考察する．

　先にも述べたように，クレデンシャリズムに潜む社会閉鎖機能に着目したのは，ウェーバーが端緒であった．彼の議論によれば，近代的官僚制化→合理的専門的試験制度の発展→教育免状への需要喚起，という一連の合理化過程が進行するにしたがって，「教育免状の所持者のために地位の供給を制限し，これらの地位を彼等だけで独占しようとする努力」がみられる，という[20]．もともとウェーバーはこのことを論じる以前に，社会閉鎖を社会の基本的相互行為関係のひとつと考えており，社会閉鎖の動機をいくつか列挙している[21]．それらは，社会成員の質を高く維持し，威信を保ち，名誉や利得の機会を維持することである，としている．ウェーバーにとって，教育免状の取得は社会閉鎖機能の行使と容易に連動するのである．しかし20世紀初頭ということもあって，彼のクレデンシャリズム論はこれ以上の展開をみていない．

　ウェーバー以降，社会閉鎖の観点からクレデンシャリズムを理論的に整理したのはパーキンとマーフィーである．パーキンによれば現代資本主義社会のブルジョアジーは自らを階級として位置付ける目的のため，2つの排他的手段を駆使する．ひとつは財産であり，もうひとつは学問的・職業的な認定資格である．とくに認定資格にあっては，組織内の地位配分手段として「本来の機能を越えた利用（the inflated use）」のされ方をする点で，クレデンシャリズムとつながっているものとし，「クレデンシャリズムは，排他的な社会閉鎖機能の一形式」[22]であるとみなしている．しかしパーキンの社会閉鎖理論に対しては，マ

ーフィーがいくつかの難点を挙げて批判をしている[23]．とくに批判の根底にあるのは，次の問題である．つまりパーキンは財産に基づく排斥とクレデンシャルに基づく排斥とを等値し，権力や権益へのアクセスの点で両者が異質であることを見逃している，とマーフィーはいう．マーフィーによれば，社会閉鎖には3つの形態があり，それぞれが構造化されることによって具体的な社会閉鎖が展開する．彼のいう3つの形態とは，①閉鎖の基本形態（the principal forms of exclusion），②閉鎖の派生形態（the derivative forms of exclusion），③閉鎖の付随形態（the contingent forms of exclusion）である．①は，社会閉鎖を構成するもっとも根源的な形態であり，法律の後ろ盾を特徴とする．たとえば資本主義社会にあっては，私有財産を合法的に所有する権利関係がこれに該当し，国家社会主義社会であれば共産党員であることが主たる構成要因となる．②は，①の形態から直接派生してくる機会支配の形態である．マーフィーの挙げている例でいえば，B.A. 学位のような資格要件や人種，宗教，性などによる閉鎖メカニズムがこれに該当する．また③は，②ほど①への依存度はないものの，基本的には①に付随するものであり，医師資格所有に基づく閉鎖メカニズムが例示されている．ここで注目したいのは，マーフィーにとってのクレデンシャリズムは，社会閉鎖概念の中では第二義的な意味でしかないという点である．つまり，まず財産所有に由来する支配・非支配関係の前提があって，初めて資格による社会閉鎖が成り立つのであり，その逆ではない．もっと具体的にいえばクレデンシャリズムが社会閉鎖の一形態を構成するのは間違いないにしても，その前提には雇用する側が教育資格を設定できるという所有の力関係が横たわっている．

　パーキン，マーフィーの一般論に対し，具体論としてクレデンシャリズムの社会閉鎖機能を検討した一人が，コリンズである．コリンズ自身は社会閉鎖という用語を使用してはいないが，彼の葛藤理論は実質的には社会閉鎖理論に他ならない．コリンズの解釈では，雇用要件としての教育資格は職務技能の関数としてではなく既成身分集団の社会閉鎖的傾向の関数として決まる．一種の身

分集団と化した専門職にしても，その本質は技術的問題解決能力の保有にあるのではなく，むしろ特有なスタイル，名誉など文化的なものの維持にある[24]．ここに，クレデンシャリズムのきわめて属性的性格が読み取れる．こうしたコリンズの見方の底流には，彼の市場観が潜んでいる．彼の認識では，市場は開かれれば再び独占や寡占によって閉じていく力学を秘めており，その過程では大体において属性的要因が介在する[25]．とりわけアメリカ社会では，人種，宗教，性などによる直接的差別が非合法となって以来，市場支配を合法的に行う代替手段として教育資格が利用されるようになる．コリンズが教育を「自然の儀式」と呼ぶのも，かかる意味合いからである[26]．ブルデューもコリンズと同様クレデンシャリズムを具体論的にみる一人であるが，両者のもうひとつの相違もここにある．すなわちコリンズのスタンスは，文化資本の内容や相続それ自体よりも，基本的になぜそのことが生じるかを問うものである．

このようにみてくるとき，クレデンシャリズムは社会閉鎖機能を伴うことが改めて確認できる．また論者によって比重の置き方が異なるものの，クレデンシャリズムの社会閉鎖機能が具体性を帯びるためには，他の属性的なもの（たとえば，財産，宗教，性，身分，その他シンボリックなもの）によるバック・アップが不可欠である．アメリカ社会を対象としたコリンズの場合，それは人種・宗教的属性であったが，別の社会では他の属性の介在も有り得る．

5．クレデンシャリズムと教育の自律性

周知のとおり，「属性（帰属）的地位から業績的地位へ」という表現がある．これはいうまでもなく，社会の近代化を象徴するキイ概念である．そして本章のテーマとかかわらせていえば，客観的な業績的地位を制度化する機関のひとつが教育の場であり，その制度化による認定証明が教育資格に他ならない．しかしその一方で，教育は常に政治的・経済的・文化的影響を社会から受けている．ある意味で，きわめてナイーブな領域である．とすれば，教育が具有する性格は，本来的に矛盾している．つまり，一方で自律的なベクトルを期待さ

れていると同時に，他方で他律的なベクトルを内包するのである．

　ところでこの問題に鋭い考察を放ったのが先にも触れたマーフィーである．彼は，権力概念を支える3つのサブ・カテゴリーを提示する．第1は，第三者の服従を文字通り強要する権力（power to command）であり，第2は，第三者の形式的自由を許容しながらも，最終的には支配者の利益に見合った拘束を可能にする権力（power to constrain）であり，第3は，第三者の全く自律した行為に委ねながら，そこから支配者の利益を巧みに奪い取る権力（power to profit from）である．そしてとくに教育機関と外社会との微妙な関係は，第3のタイプの権力によって説明できる，という．なぜなら，権力行使コストの上で第3のタイプはもっとも安上がりであるし，近代化の理念に照らしても教育は自律した存在（少なくともそれをめざす存在）でなければならないからである．[27] このマーフィーの権力行使図式を，コリンズの描いたアメリカ的クレデンシャリズムと重ね合わせてみよう．コリンズの場合，支配的集団はWASPに象徴される身分集団として思念されている．そしてその集団目的は，彼等の身分文化を保持し続けることで既得権益を確保することである．その目的達成は，教育資格の要件設定を巧みに操ることによって行われており，このプロセスがここでいうクレデンシャリズムの一態様である．いうまでもなくコリンズが対象としたアメリカでは，その教育制度は徹底した地方分権主義や多様性を特徴としている．とくにこの点でアメリカの教育は，少なくとも形式的自律の程度は高い．しかしそこから自律的に認定証明し発行される教育資格は，支配的身分集団によって社会閉鎖のための正当化基準として利用されている．この関係は教育が自律していると世間で信じられれば信じられるほど，支配的身分集団がその成果から利益を得るというメカニズムとなっている．それは教育の形式的自律性が，逆に外部からの教育への影響を有効に機能させるという皮肉な仕組みを意味している．

　さて現代日本の場合，教育の自律性はどのような現れ方をしているのだろうか．先に述べたように，日本の教育資格の非限定的で曖昧な性格は，言葉を換

えればそれだけ外部からの影響を招きやすい素地をはらむものである．コリンズはアメリカでのその影響主体として人種・宗教的支配集団を想定したのだが，日本社会においてそれと同じ人種・宗教的支配集団は見い出しにくい．しかしアメリカにおけるこれら支配的身分集団と「機能的に等価」な集団を，日本社会で求めることは可能である．それは，日本の企業である．[28]

もともと企業はボランタリーな機能集団であり，生得的な身分とは異質である．しかし日本の教育資格への影響力という点では，アメリカの支配的身分集団と同じである．「機能的に等価」という意味は，そういう意味である．戦前の日本においても，爵位の一部は身の栄達の結果として後天的に授与されていたし，現代日本サラリーマンの多くが所属企業によって自らの「身分的なるもの」を体感している事情は，今や常識である．人を判断する際，所属企業名が有効な手がかりとなる事情については，日本人であれば違和感なく理解できるところである．したがってここでは，日本企業の身分集団的性格にこだわることで十分である．

戦後の日本で，企業はさまざまな形で公教育とかかわりをもってきた．クレデンシャリズムの進展という観点からは，2点挙げられる．第1に指摘できるのは，1960年代以降の高度経済成長期，公的審議会などを通じての企業側からの影響力行使である．雇用化社会への移行という社会の構造変革と重なって，企業の成長拡大と個人レベルの幸福が一体化したのがこの時期であった．そしてこの一体化は，単に労働者本人のみならずその家族や子どもをも巻き込んで，いわゆる高学歴志向の風潮をあおる結果となった．客観的な指標としての教育資格需要と，法人資本主義の成長路線とは奇妙にも符合したのである．[29] 第2に指摘できるのは，学校を媒介とした就職行動の制度化という側面である．とくに1949年の改正職業安定法以降，新規学卒者の就職は事実上学校を経由するとの体制が出来上がり，また高校進学率90％を越えた昭和50年代以降は就職へのミニマム教育資格要件が実質上高卒以上となってきた．さらにその後の全般的進学率・志願率向上の中で雇用要件も高卒から大卒へとグレード・アップ

し，教育資格インフレは加速した．この変化は，極論すれば同一職務内容に対して該当する人材への教育資格のみが吊り上げられる事態に他ならないが，そのイニシアチブは企業の側にある．

以上の2点がさらに個別具体的な姿をみせるのは，企業と教育の接点，つまり就職行動の場である．たとえば，1952年以来続いている就職協定は，企業側の過剰なイニシアチブにより大学側との各種軋轢を生んでいる．採用を決める有力な手がかりのひとつは入学時の大学偏差値であるが，1979年の共通一次テスト以降この偏差値序列は正確さを一層加え，尺度提供の面で採用企業側を利する結果となっている．また日本の社会科学系学部生はその圧倒的多くが大学院進学よりは就職を選択するが，この選択の背後には企業側の姿勢があることは明白である．なぜなら，萬成博がいうように「わが国では，企業経歴を出発するうえに，大学院での研究は必要でもなければ有利な条件ともなっていない」からである[30]．萬成が約40年も前に観察したかかる状況は，今日でも大きな変化はない[31]．このことは，教育資格の具体的中身におおらかな日本企業の体質を良く示している．そしてそれは職業資格や企業内職能資格についても同様であって，これらを取得することの効用は，往々にして技能の証明よりも人物評価・企業への忠誠心をシンボライズすることにある．そしていうまでもなく，これらはマーフィーの権力サブ・カテゴリーのうち，第3の権力に相当する現象である．

今，日本の多くの大学進学者の主たる進学理由は，大卒収益率にみられる利得計算に基づくというより，雇用要件をクリアするか否かのゼロ・サム的判断に由来していよう．就職市場は，本質的にまた構造的にも常に企業側の買手市場である．こうして日本的クレデンシャリズムは，アメリカや欧州に比べて先鋭化していると同時に，企業を主体として展開するユニークさをもっている．そしてその円滑な進行を保証しているのが，形式的に自律している教育というイメージである．教育資格や偏差値が多くの人に利用されているのは，それらが自律した教育からの産物であると認められているからに他ならない．

6. 更なる具体化に向けて

　以上は，資格社会一般およびその日本的状況をクレデンシャリズム論の観点から考察したものである．そしてその際の日本的発動主体としては，企業の存在が無視できない点を指摘してきた．もちろん，かかる状況は特定一企業が為し得るものではなく，肥大化した企業社会がシステム的に教育を巻き込んで初めて為し得るものである．ただここでは，企業によって作られた教育の状況被拘束的場面が十分具体化されていない．就職・採用行動を軸に展開されるかかる場面については，第Ⅱ部を参照していただきたい．

　さらに付け加えれば，いかに企業が教育資格を巧みに取り込むとしても，個人の教育資格志向を抜きに今日のクレデンシャリズムは顕現しえない．実際，個人レベルの教育資格アスピレーションは，必ずしも企業追随型とは限らず，享楽型やモラトリアム型などに基づくタイプも増えつつある．また企業追随型にしても，正確な状況把握に裏打ちされた上での行為とは限らない．要するに，企業側のシステム的なチャネル付けに対し，結果的に個人が沿うことになるとしても，その際の個々人の思いは実に多岐にわたるものであろう．資格社会化と敢えて一括され得る動きの中には，このように個人と企業との間の「思惑違い」も潜むものと考えられる．個人のアスピレーションに照準を合わせた日本的教育資格論については，補論を参照していただきたい．

注)
1) Collins, R., "Functional and Conflict Theories of Educational Stratification", *American Sociological Review*, Vol.36, 1971, pp.1002-1019.
　R. コリンズ，新堀通也監訳『資格社会』有信堂高文社，1984.
2) 依田有弘「日本の公的資格制度について」大月書店編集部編『現代の労働組合運動・第6集　今日の教育改革・職業訓練』大月書店，1976，160-192ページ．
　依田有弘「資格制度の現実と可能性」原正敏・藤岡貞彦編『現代企業社会と生涯学習』大月書店，1988，71-95ページ．

3) ここで注意しておきたいことが，2点ある．第1に，先の教育資格それ自体は狭い意味では職業資格ではないが，社会的慣行として就職時に学歴要件が求められている実態からすれば，実質的に教育資格が職業資格化している現実がある．第2に，各種職業資格の少なからぬ部分が，応募要件のひとつに学歴要件を組み込んでいる現状があるが，これは職業資格が教育資格と連動している一面を示すものである．
4) 西田耕三『日本的経営と人材』講談社，1987，p. 42.
5) M. ウェーバー，世良晃志郎訳『支配の社会学Ⅰ』創文社，1960，pp.137-138.
6) Bourdieu,P., "The Forms of Capital", Richardson, J. G. (ed.), *Handbook of Theory and Research for the Sociology of Education,* Greenwood Press, p. 258.
7) 加藤晴久編『ピエール・ブルデュー』藤原書店，1990，88ページ．
8) R. フリーマン，小黒昌一訳『大学出の価値』竹内書店新社，1977．
9) L. サロー，小池和男・脇坂明訳『不平等を生み出すもの』同文館，1984，p. 120.
10) 石田浩「学歴と社会経済的地位の達成―日米英国際比較研究―」『社会学評論』第40巻第3号，1989，pp.252-266.
11) Krymkowski,D., "The Process of Status Attainment among Men in Poland, The U.S., and West Germany," *American Sociological Review*, Vol.56, 1991, pp.46-59.
12) Lamont,M. and A.Lareau, "Cultural Capital : Allusions, Gaps and Glissandos in Recent Theoretical Developments," *Sociological Theory,* Vol.6, 1988, pp.153-168.
13) McCormic,K., "Vocationalism and the Japanese Educational System," *Comparative Education*, Vol.24, 1988, pp.37-51.
14) 文部科学省編『教育指標の国際比較』（平成14年版）ただし，パートタイム学生を含めた数字である．
15) Collins,R., "Conflict Theory and the Advance of Macro-Historical Sociology," Ritzer, G. (ed.), *Frontiers of Social Theory,* Columbia University Press, 1990, p.83.
16) Collins,R., *Theoretical Sociology,* Harcourt Brace Jovanovich, 1988, pp.179-180.
17) 天野郁夫『教育と選抜』第一法規，1982．
18) 石田浩，前掲論文，pp.262-263.
19) 直井優「崩れ始めた平準化神話」『朝日ジャーナル』4月7日号，朝日新聞社，1989，pp.14-19.

20) M. ウェーバー，前掲訳書，1960, p.137.
21) M. ウェーバー，前掲訳書，1971, p.151.
22) Parkin, F., *Marxism and Class Theory,* Tavistock Publications, 1979, p.58.
23) Murphy, R., *Social Closure,* Clarendon Press, 1988.
24) ただし，コリンズが専門職の技能を認めていないと解釈すべきではない．
25) Collins,R., "Market Closure and the Conflict Theory of the Professions," in M. Burrage and R. Torstendahl（eds.）, *Professions in Theory and History,* Sage Publications, 1990, p.31.
26) Collins, R., ibid., p.38.
27) Murphy,R., "Power and Autonomy in the Sociology of Education," *Theory and and Society,* Vol.11, 1982, pp.182-184.
28) もちろんコリンズ自身はその分析をしていないが，ある個所で日本企業の身分集団的性格に触れた言及を行っている（R.コリンズ，寺田篤弘・中西茂行訳『マックス・ウェーバーを解く』新泉社，1988, p.6）．
29) しかし企業側の思惑通り，すべてが進行したわけではない．労働力の多様化を求めた1960年代の人材育成要求は，折からの個人レベルの普通教育的進学志向の中で必ずしも実現されたとはいえない（渡辺治「現代日本社会の権威的構造と国家」藤田勇編『権威的秩序と国家』東京大学出版会，1987, pp.219-220）．
30) 萬成博『ビジネス・エリート』中央公論社，1965, p.142.
31) 社会科学系大卒者のうち，進学者の比率はわずか2.4％であり，進学者全体の中での社会科学系進学者比率も8.7％である（文部科学省『文部科学統計要覧』平成15年版）．

第 II 部

第4章　日本企業の採用行動と教育資格

1．企業と教育資格

　戦後の日本で教育資格がどのように受け入れられているか，それはとても興味ある問題である．とくに高度成長期以降，教育過剰が無視できなくなり，社会の実務的要請ともさして関係のない進学需要が目立ち，また教育収益率低下傾向にもかかわらず進学需要は増えている．これらの状況を解明するためには，教育資格の日本的受容の中心に位置する企業の存在に目を向ける必要がある．なぜなら，戦後の日本企業は企業社会と評されるほど肥大化し，ある種の身分共同体的性格を強くもつまでに至った現実を無視できないからである．

　このような観点から，ここでは次のような仮説を導いてみた．すなわち，日本の進学需要は個人によって主体的に引き起こされてはいるが，実態としてはそれが企業によって誘導され，きわめて従属的な需要となっている．この背景には教育資格が企業本意に利用されている側面がある．

　たとえば，やや具体的なケースを2つ考えてみよう．第1に，今日多くの若者にとって，教育資格は積極的に獲得する対象というよりはむしろ消極的に取得せざるを得ない対象となっている．その理由は，企業が採用時の応募要件として教育資格を設定するからである．いま高卒資格をもたないという経歴上の意味は，高卒程度の学力を欠くという形式的意味よりは職をみつけにくいという遥かに深刻な意味をもつ．大卒資格も同様である．大学進学を求める多くの若者は，学業意欲の点では必ずしも積極的ではない．教育資格獲得への意欲こそが，進学を後押ししている面は否定できない．第2に，大学生の就職希望先をみると，ほとんどが大企業志向である．現実には大企業への就職ができないとしても，大企業への就職が理想であり続ける．日本の学生の場合，かりに金融関係の大企業を第1志望としていても，それに失敗すると中・小企業の金融

関係にチャレンジするのではなく，別な産業（メーカー，マスコミ，商社など）の大企業に志望変更するのが普通である．そこには産業選択の上での一貫性は乏しい．欧米に比べ大企業への感情的こだわりが際立っている．日本の教育資格は，大企業就職のための必要条件なのである．

着目すべきことは，いずれのケースにおいても採用される側の主体性が弱く，採用する側つまり企業側の優位な点である．もちろん個々のケースには例外はあろう．以下では，まず日本社会における教育資格の位置付けを概観し，スクリーニング理論の有効性を確認する．次にスクリーニング理論の観点に立ちながら，戦後日本の企業に内在する身分集団的性格を取り出し，それが新卒採用マーケットで企業に買手市場をもたらしていることを探る．さらに企業が教育資格を媒介にしつつ教育機関へかかわる様子を，いくつかの事例を通して眺めてみたい．

2．教育資格の機能的4類型

就職の際，教育資格がどのような効果と役割をもつかについては，多くの理論がある．しかし，これらの諸理論をある程度大胆に整理することは可能である．図4-1は，生産性評定機能と人員配分機能を尺度に各理論を4つに区分したものである．各理論はそれぞれ教育資格に対し特有な見方をしているので，教育資格の4類型が得られる．ここで生産性評定機能とは，個人の労働生産性がどの程度考慮されているかに関係しており，人員配分機能とは，社会の階層間の流動化がどの程度なされているかに関係している．この区分で代表的にあげられるのが，人的資本論（生産性＋，人員配分＋），スクリーニング理論（生産性－，人員配分＋），再生産理論（生産性＋，人員配分－），そして対応理論（生産性－，人員配分－）である．

各理論に即して眺めてみよう．まずベッカーらの人的資本論においては，労働者の教育資格は労働生産性を表す指標として認識される[1]．そこでは，高い教育資格は労働者が高度な技能と高い労働生産性をもつことを約束するものであ

図4-1 教育資格の4機能類型

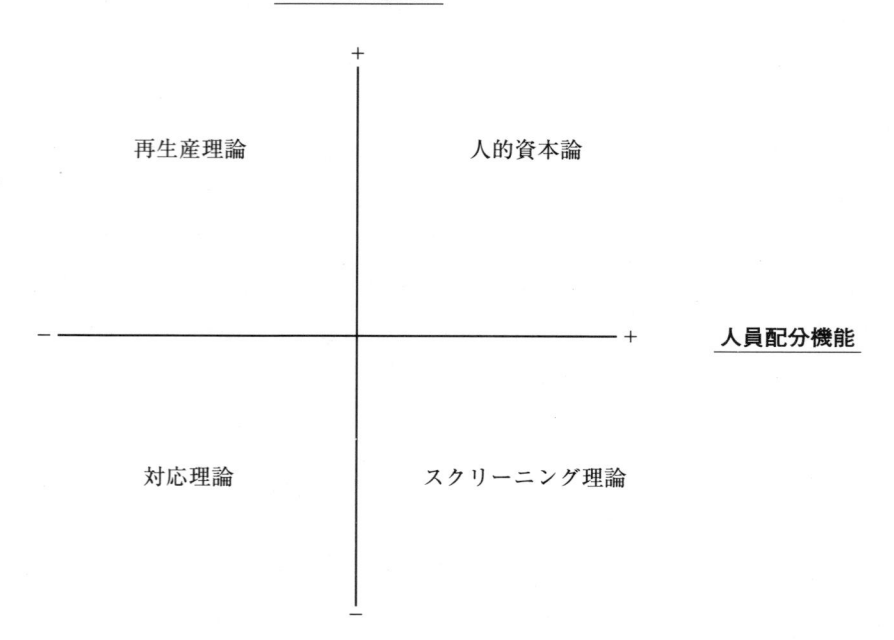

```
                    生産性評定機能
                          +
                          │
        再生産理論         │        人的資本論
                          │
                          │
  ────────────────────────┼────────────────────────  人員配分機能
   -                      │                     +
                          │
        対応理論           │       スクリーニング理論
                          │
                          -
```

る．このことは教育への公的・私的な投資が労働生産性の向上を生み，また個人が獲得した技能の程度に応じてマン・パワーの序列化が行われることを意味する．つまり，人的資本論における教育資格は，生産性と人員配分の両機能に敏感な指標といえる．

次にブルデューらの唱える再生産理論をみてみよう．この理論によると，社会の支配構造は基本的に再生産され，その支配の様式は教育制度などを通して巧妙に展開される[2]．つまり，制度化された資本としての教育資格と生活体験から導かれる文化資本とが世代間相続されることによって，インビジブルに支配関係の維持がはかられる．ただしこの理論には，教育資格を再生産の媒体としていることから容易に推察できるように，個人の高い能力や才能が労働生産性

に関係するとの前提がある．この前提は，既存の支配関係を正当化するための論理でもある．したがって再生産理論における教育資格は，生産性に対し敏感な指標ではあるけれども，人員配分の面では事実上硬直的にしか機能しない．

第3番目に，ボールズらの対応理論についてみてみよう．この理論は支配関係の維持を教育によって行うという基本的構図の点で，今述べた再生産論と共通している[3]．ただし，そこで教育が果たす役割は再生産理論の場合とは微妙に異なる．すなわち対応理論においては，教育は支配者の側からの強制であり，イデオロギー的教化である．この場合，労働生産性として示される客観的数値は，必ずしも教育資格のもつ第一義的意味ではない．労働生産性の程度よりもイデオロギー的性格こそが，問題なのである．そして当然であるが，対応理論における教育資格はきわめて弱い人員配分機能しか果たさない．

最後に，スクリーニング理論を取り上げよう．この理論の特徴的なところは，教育の効果としての生産性向上機能を評価しない点にある[4]．この理論によると，教育機関は先天的なあるいは潜在的な能力を単に追認し，その結果として教育資格や学業成績が与えられているに過ぎないと説く．したがって教育資格や学業成績と労働生産性の相関はみせかけの相関である．ただしこの追認は，教育資格に正当性を与え，人員配分をすこぶるフォーマルにかつ効果的に行う作用をもつ．さらにこの理論から導かれるものとして，雇用者側の立場を強調した理論としてコリンズ理論，労働者側の立場を強調した理論としてサロー理論が代表的である．コリンズによれば，採用時に雇用者が教育資格を求める目的は，企業を人種的宗教的身分共同体として維持することにある．そして職場での労働生産性は，学校教育の成果に基づくのではなく，OJTなど企業内実務訓練に基づくのである，と説く[5]．一方，サローが主張する仕事競争理論によると，労働者は自らの技能を労働市場で売るというよりは，企業が用意する限られた仕事を求めて単に競いあっているに過ぎない．賃金をめぐる需要と供給が存在するのではなく，仕事の機会をめぐる需要と供給が存在する．先に述べた対応理論もこのスクーリング理論も，いずれも雇用者側は教育資格を技

83

能の指標ではないと主張している[6].

　さてこのようにみてくるとき，日本の教育資格を説明するのにもっとも適切な類型はどれであろうか．まず第1に，日本の教育資格は人員配分機能の側面が強い．すなわち教育資格の人員配分機能は，いわゆる「受験」や「輪切り」を通して多くの若者の間で効率よく果たされてしまうという現実がある．その際，中卒・高卒・大卒などのタテの学歴と，一流校・二流校などのヨコの学歴がインフォーマルな序列を構成し，その序列にしたがって総体としての教育資格も綿密な序列を作り上げている．そしてその序列は，就職機会への大小とつながる．第2に，生産性評定機能の点から日本の教育資格はどう位置付けられるのか．確かに企業や雇用者が採用活動を行う際，教育資格を広い意味での生産性の判断指標とすることは否定できない．しかし，終身雇用制度が普及し転職行動が日常的とはいえない日本では，個々の労働者の当座の生産性は必ずしも重要ではなく，むしろ求められるのは協調性や人柄や一般的能力である．もし企業が生産性に関心があるとすれば，それはあくまでも企業全体としての生産性にほかならず，これは個々の労働者の生産性とは異なる．とくに日本では，企業内の多くの労働者の非生産的犠牲（たとえばサービス残業によって）において企業全体の生産性向上が期待される傾向すらある．したがって，教育資格が日本社会でどう運用されているかをみるとき，スクリーニング理論の視点がもっとも適切であると考える．

　スクリーニング理論それ自体は，問題解明へのスタート台を提供するに過ぎない．問われるべきは，スクリーニング理論が教育資格の日本的扱われ方をどう説明するかである．その鍵となるのは，スクリーニングを行う主体である．確かにスクリーニングする際の指標である教育資格は，初等・中等・高等教育のレベルに応じて授けられ，各レベルでの教育資格獲得が次のレベルへの教育機会確保に連動する仕組みになっている．とくに日本の場合，単線型教育制度であるので，この仕組みが堅固である．初等教育から高等教育に至るまでのこの選抜制度は，一見したところ教育制度の自律性を表しているかのようであ

る．戦後日本の教育を長く導いてきた民主化思想，そしてそれを現実に支えてきた制度面での客観的な選抜制度は，教育制度の自律メカニズムを確かに高めてきたようでもある．

しかし，改めてスクリーニングする主体が何かを問うとき，教育資格を利用する側に目を向けねばならない．スクリーニングする実質的主体は，日本にあふれる多くの企業である．戦後日本社会を象徴するタームとして，「法人資本主義社会」「会社主義社会」「企業主義社会」「人本主義社会」などが唱えられている．企業活動が社会の性格を特徴付けるようになったといわれる雇用化社会の現在，企業は教育と無関係ではない．それどころか営利追求集団としての企業は，教育に対し特有な利害関係をもつ．これが，スクリーニング主体としての企業に着目する理由である．

3．身分集団としての企業

どのような発展段階の社会においても，社会階層は存在する．周知のように西欧先進諸国においても，その長い伝統に由来する確固とした身分集団が生き続ける[7]．欧州に比べ社会移動が比較的激しいアメリカ社会においても，身分集団が存在し互いに競いあっている．たとえばコリンズは，とくにアメリカ社会に根付いた人種的宗教的身分集団を取り上げ，その集団形成のメカニズムを解明するとともに集団間闘争が教育におよぼす影響を考察した．彼の基本命題によれば，個人が自己アイデンティティを獲得するには何ものかへの一体感が必要であり，この理由からいろいろな種類の身分集団が生まれる．身分集団発生への契機は，人種，宗教，学歴，出身地など極論すればなんでも良い．その社会の性格に応じて，きわめて多種多様である．

では，戦後日本社会を眺めると，どのような身分集団を考えることができるか．法的な身分制度が撤廃された現在，もっとも似た集団は恐らく企業であろう．それは，「リビジョニズム」あるいは「日本的経営論」で論議の的となる，日本的企業である．結論をいえば，日本の企業はある種の宗教的機能をもつ身

分集団ともいえる[8]．なぜなら，個人と企業との間の私生活にまで及ぶ関係は契約に基づく合理的な関係というより宗教的つながりを思わせるし，所属企業によって個人の社会的信用が相当程度決まる意味で企業は身分集団的機能をもつからである．しかし日本社会におけるこのような性格の企業は，明治以降の歴史で一貫して存在していたわけではない．確かに営利集団としての企業は近代資本主義の産物ではあるが，ここでいう身分集団的企業はむしろ第2次世界大戦以後の産物である．

一般に，日本的経営の特徴としてあげられるのは，①終身雇用，②年功序列，③企業内組合，という3つの慣行である．このうち年功序列と企業内組合は終身雇用から派生した性格が強く，また企業による教育資格の処遇を実質的に規定するのは終身雇用である．したがって，以下では終身雇用に注目する[9]．終身雇用の慣行がいつごろ成立したかについては，幾多の主張がある．しかし端的にいえば，それは戦後成立した慣行といえる．たとえば第2次世界大戦以前は，労働市場論でいう第1次労働と第2次労働は厳しく区別され，同一企業内でもブルーカラーはかなり自由に解雇されていた．しかし彼等の間には職種ごとの横断的労働市場が確立され，企業間移動は頻繁に行われていた．そしてエリート予備軍として終身雇用を約束されたホワイトカラーは，なんといっても社会の少数派でしかなかった．戦後こうした状況は一変した．そして農業の衰退とは逆に企業が全社会的に肥大し，そこで働く多くの雇用労働者のビジネス・ライフのみならず，私的生活の部分にまで企業がコントロールする体制が出来上がった．

戦後の企業が一段と身分集団的性格を強めた理由は，3つある．第1に，「家」制度の崩壊が指摘できる．戦前の身分法では，夫婦・親子・親族という通常の身分関係に加えて，家族共同生活体（通称「家」）を認めていた．戸主は「家」を実態化する強力な権限をもち，「家」を中心とした家族員の連帯をはかる責務があった．しかし戦後の新憲法のもとで「家」という社会の結び付きが制度的にはなくなり，個人は「家」意識を徐々に弱めていった．これは精神的

な次元で大衆社会化への準備が用意されたことを意味する．第2に，昭和30年代を中心とした激しい農業の衰退は離村向都現象を生み，田舎の地域共同体を崩壊させた．その結果，多くの人びとは地域共同体意識を喪失し，根無し草の大量の企業労働者として都市にあふれた．第3に，労働力人口に占める雇用者比率の増大である．農業をはじめとする第1次産業の衰退は，国民の大多数を企業の一員あるいはその家族関係者にしてしまい，企業との関係によって自らのアイデンティティを自覚し形成する基盤が作り出されてきた．これら3つの理由によって，戦後の日本企業は伝統的絆から自由になった多くの大衆労働者を吸収していった．しかも戦後日本経営史上にいう産業民主化路線は，終身雇用慣行をはじめとした労働者に対する企業まるがかえ体制を一層強化することとなった．こうして「擬制家族主義的」あるいは「家族共同体的」ともいわれる企業システムが形作られた．

いうまでもなく欧米の企業は，人間関係が合理的でしかも組織的凝集性に欠ける点が特徴である．その欧米的常識からすると，日本の企業はユニークである．つまり行動規範からみると，日本企業はあたかも宗教共同体かのような論理をもっている．なぜならば，第1に企業間の競争についていえば，生産性・収益性・労働分配率の面で競争するのではなく同業者間のシェア争いが中心である．あるいは相対的指標（対前月比・対前期比・対前年比）を同業他社と比較するだけのエンドレスな事業拡大路線が基調である．これは宗派間のセクト拡張争いに類する行為である．第2に企業内の行動規範についていえば，労働者間の連帯感や協調ムードの優先といった感情的な結び付きが特徴的である．この傾向はたとえば一企業を単位とした組合制度と昨今の労使協調路線に象徴されている．労働者の過度の企業一体化は時には壮絶な殉職を引き起こす．それは欧米的感覚にはきわめて理解しにくいものである．それはあたかも信者が殉教するかのような行為である．

さて企業が身分集団的であるとすれば，その集団成員を補充採用する仕方にはいくつかの特徴が考えられる．第1に，企業の間にはいわゆる一流企業・二

流企業といった社会的評価格差が生じる．ただし日本の場合，一般的に一流企業は大企業であり二流企業は中小企業である．そしてとくに日本では労働者の側に大企業志向があるため，労働市場において企業側は構造的な買手市場となる．具体的にいえば，どのような教育資格を雇用要件とするかは全く企業の裁量である．そして企業の規模が大きければ大きいほど企業買手市場は明白である．第2に，身分集団としての企業は本質的に閉鎖的である．閉鎖的労働市場が存在するかぎり，新卒採用を原則とし独自の企業内研修で教育するシステムは有効である．その企業にふさわしい労働者を獲得するもっとも効率的なやり方は，採用時のスクリーニングに教育資格を選抜基準として工夫を凝らすことである．この場合，買手市場にある大企業ほど工夫は巧妙である．第3に，個々の労働者にとってはどの企業のメンバーになるかが，きわめて重大となる．なぜなら日本での就職は後天的な身分獲得を実質的に意味するからである．また転職がさまざまな点で社会的不利をこうむるため，最初の就職を慎重にせざるをえない構造になっている．つまり自らの社会的身分を確定する機会が，一点集中型である．この仕組みが，学生の就職活動を熾烈なものにさせている．教育資格への需要が高まることの背景には，勉学意欲よりもその先の局面である大企業への就職という思いが強く潜んでいることはいうまでもない．

　こうしてみると，採用活動の場における企業と労働者との交渉では，構造的には明らかに企業がイニシアチブを握っている．一般に高校の場合，公式求人ルートの学校側窓口は各高校の進路指導室である．しかし大学の場合は学生と企業が直接交渉し，大学は就職斡旋に直接関与しない．これを自由公募制という．しかし自由公募ケースであっても，企業が大学卒業を資格ミニマムな応募要件としている限りにおいて，企業は教育資格に対する強いこだわりがあるとみるべきである．こうして身分集団としての企業による採用活動は，教育資格に強くこだわりながら企業側優位基調のうちに展開される．次に，この構造をもう少し具体的に追ってみよう．

4．企業主導型の選抜

　企業が採用活動を行うとき，その応募者との関係において企業は圧倒的に買手市場である．この点，中小企業にとっては，事態は逆である．それは大企業が多くの応募者を引きつけるからである．最終的に中小企業に職を得る者も，そのほとんどは潜在的大企業志望者である．この意味で，やはり企業側は構造的に買手市場である．この労働市場では，企業と学生にとっての重要なメルクマールは教育資格である．そこで，企業の側が教育資格を手がかりにどのようなイニシアチブをとるのか，そしてそれがどのような影響を生んでいるか，以下で考察しよう．

　まず第1に，ほとんどすべての企業が求める学歴要件に着目してみよう．企業によるイニシアチブがもっとも発揮されるのは，採用時の教育資格要件設定である．一般に日本よりは資格要件が明確であるとされるアメリカにおいてでさえ，資格要件基準に対する雇用主の判断基準はあいまいである[10]．たとえば，高卒を採用するのかそれとも大卒を採用するのかという判断にしても，実は確かな根拠があるとは思えない．労働生産性の付加価値の点からいえば，初等・中等教育は生産性にそれだけ大きく寄与するが，高等教育は必ずしも多くの生産性向上を期待できないとの見解もある[11]．日本の場合，雇用上のミニマム教育資格要件（事務・技術系職員）が中卒から高卒に移行する時期がほぼ昭和30年代とみられ，さらに高卒から大卒への移行はほぼ昭和50年代とみられる．問題はこの教育資格要件が進学率向上とどう関係し，なぜグレード・アップしたかである．類型的にみると高卒採用と大卒採用のケースでそれぞれ理由が考えられる．高卒採用に関していえば，まず中卒労働者より高卒労働者が大勢を占めるようになったため，追従的に高卒がミニマム要件にされたとする見方がある．もうひとつには，企業側による恣意的な高卒要件設定が結果的に高校進学率向上を促したという見方がある．大卒については，高校にほとんどすべて進学するようになってきた結果，高卒という教育資格が採用要件として不十分と

なってきたことが背景にある．これは，企業側が先導的に大卒指定を行ってきたことを意味する．しかし，この因果関係を厳密に実証することは困難である．ただ指摘できるのは，企業側による教育資格設定のグレード・アップがいわゆる教育資格による統計的差別を生む現実である．この差別は，ほぼ確実に進学需要を高めに誘導する．もともと採用要件に必要レベル以上の教育資格を求めることは，業績主義の属性主義化を意味する[12]．こうした理由から，教育資格設定に際しての企業のイニシアチブは重要である．

第2に，企業は原則として公開の労働市場ではなく，教育機関から直接新規卒業者をリクルートする．この傾向は大卒ホワイトカラーについてはすでに大正から昭和にかけてその萌芽がみられていたが，中卒・高卒労働者をも含めた全体の傾向としてはやはり戦後を待たなければならなかった．企業がなぜ既卒採用ではなく新卒採用にこだわるかについては，いくつかの理由がある．通説としては，終身雇用慣行のもとで長期にわたり雇用するので，白紙状態で採用するほうが企業の中で教育しやすいからとされる．しかし既卒者を中途採用したとしても，果たして彼等の社員教育が新卒社員教育に比べてどの程度困難なのかはあいまいである．むしろ新卒採用主義は，イニシエーションとしての機能から解釈できると思う．もっと説得力がある理由は，企業内の身分秩序を維持するためであると思われる．いわゆる中途採用は，企業内の身分秩序維持にとってネガティブに働くとみられるのである．新卒採用主義は，きわめて企業本意の選択にほかならない．このことが新卒学生に過度のプレッシャーを与え，また学生の奇妙な行為を誘発することとなる．たとえば，卒業時に望む就職ができない場合は自発的に卒業を1年遅れさせるとか，あるいは大学院に進学し，2年後の大学院新卒採用をめざす学生も少なくない．

第3に，企業が学生の専攻をどう評価するかという問題がある．大学進学率20％以下の時期までは，企業が採用する学生は，主として法学・経済・商・工などの学部生が主であった．その理由は文・理・教育学部などの学生に比べ，「かれらのほうがビジネスの価値に対するロイヤリティが高いと経営者が思い

込んでいる」[13]からであり，また実際に高かったからである．したがって企業が出身学部を指定していた時期は，そのことが有効なスクリーニング機能を果たしてきたといえる．しかし昭和50年代以降，企業が学部指定を徐々に緩和し，現在では大学卒の教育資格は求めるが，専攻を問わないのが主流となっている．少なくとも企業の側には，今日の多くの学生がサラリーマン的気質を身につけているとみている．どの学部からでも就職への機会が開かれているのであれば，高校生は「入りたい学部」よりも「入れる大学」への志向を一層強くする．なぜなら，日本ではどんな分野を専攻したかではなく，どんな大学を卒業したかが問題だからである．いわゆる不本意入学者の増大はこのようなメカニズムにも起因している．かりに不本意入学をしたとしても，就職時には専攻とかけ離れての一般就職という形で「帳尻をあわせる」わけである．たとえば，事務・販売系職業についたものの比率をみると，社会科学系学部卒業者では，昭和30年で84％，平成14年で79％でありほぼ一定である．これに対し人文系学部卒業者では，昭和30年で40％，平成14年で78％とかなりの増加である．教育学部卒業者になると昭和30年で0.6％，平成14年で38％と驚異的な伸びをみせている．このように企業が採用に際して専攻を問わない傾向は，学生の進路に微妙な影響を及ぼしているといえる．

　第4に，指定校制の問題がある．もちろん今では表面上は行われていない．にもかかわらず，実質的な指定校制の存在を裏付ける証言は少なくない．たとえば，ある保険会社の採用方針は，次のように報告されている．「公には指定校制をとっていないが，実際は採用大学は当初に決まっている．約50校弱であり，それぞれの大学ごとに採用目標人数が決まっている．」[14]しかもこの会社は採用予定段階で，幹部要員型，営業要員型，スペシャリスト要員型と大学を分類しているという．ただし採用した後は，この分類にそった庇護移動ではなく競争移動が展開されるのが一般的である．ここで問題なのは，指定校制がもつ社会的排除機能である．なぜなら特定の大学出身者以外は，その就職機会が奪われるからである．もし企業が誰を採用するかは自由であるというのならば，

少なくとも事前に指定校を公表しなければならない．もともと日本企業の能力観は，限られたハイタレント労働者と大勢の一般労働者という図式である．それを象徴的に表現したのが，有名な経済審議会答申「経済発展における人的能力開発の課題と対策」(1963)であった．ただ現実には1960年代後半から1970年代後半までの急激な大学進学ブームは，これまでハイタレント労働者になることを予定されていた大卒者を余りに大量に生み出していった．その結果，企業はその中から少数の真のハイタレントを選抜する課題を逆に背負うことになった．この企業側の真意と指定校制廃止世論との折衷の結果，指定校制は潜在化していった．もしある企業が形式的には平等な応募機会を与えながら，あらかじめ指定校出身者だけを採用するものと決めているならば，指定校出身者以外の者は余計な就職活動を強いられることになる．これは，アンフェアである．

　第5に，企業が大学院教育をどう評価するかをみてみよう．それを端的に表す指標としてまず上げられるのは，大学院卒という採用枠があるか否かである．㈱リクルートの調査によれば理系採用の場合，調査対象企業の10％が大学院卒枠をもち，文系採用ではわずか4％であった[15]．ほとんどの企業で大学院卒は大卒枠に含まれており，大学院卒への特別な期待度が薄い．また同調査によると，大学院卒の採用時に専攻・配属先を明示するか否かの問いに対しては，理系採用の場合，「専攻は明示するが配属先は明示しない」(47％)がもっとも多く，また文系採用では，「専攻も配属先も明示しない」(60％)が圧倒的であった．このようにとくに文系の場合，大学院教育がもたらす付加価値を評価する姿勢は弱く，終身雇用慣行のもとでスペシャリストよりもゼネラリストを養成しようとしている．大学院卒への企業によるこうした扱いは，学生の学部卒業後の進路に反映している．平成14年度の場合，たとえば工学系学部を卒業したもののうち28％が大学院進学している．しかし人文系は5％，社会科学系は2％が進学しているに過ぎない．同じく平成14年度の修士課程入学者の専攻別割合でみると，工学が41％でもっとも多く，人文科学は7％，社会科学は13％

ときわめて少ない．ただしその工学系でも修士課程修了者は，全体の85％が就職をする．これらの数字が暗示しているのは，ホワイトカラー採用のための教育資格としては大卒で十分であり，技術系職員採用の場合でも修士卒で十分という企業側の判断である．ある大学院卒採用企業は，「大学卒で十分，皆が進学するので仕方なく大学院修士課程を採用している」と述べている．海外MBA取得に対する日本企業の態度は，象徴的である．すなわち，企業派遣でMBA取得を命ずることの真の目的は，「西欧のビジネス様式を習得するというより，国際的なことに親しむ機会を与える」ことに過ぎない．一般的にいえば，企業はMBA取得による業務への即効的見返りは期待しないし，また待遇を上げることもしない．外国に比べ日本の大学院が貧弱であるといわれるひとつの理由は，企業が大学院教育を余り評価していないことにある．

5．日本的教育資格の今後

以上のように，企業は教育資格を通して教育に大きな影響を与えている．もちろん教育資格を授与するのは企業ではなく教育機関である．この意味で企業が選抜機関としての教育に直接介入をするというのは正確ではない．採用される学生と企業とは，契約当事者としては対等である．しかし企業がルールとしての選抜制度をいかに巧妙に運用してきたかは，今みてきた具体的事例の中に明らかである．

残された問題は，2つある．第1は，採用される側の意識である．確かに企業による教育への積極的関与について，今われわれは知ることができた．しかしそれは日本的選抜様式を知る上で，必要条件にとどまる．われわれは企業に採用される側の意識についても，触れておくべきである．そしてそれは日本的選抜を有効に機能させるかぎりにおいて，十分条件となる．この問題を考える手がかりは，不完全就労（underemployment）の概念である．その意味は，獲得した教育資格の成果を十分活用し得ないような仕事に労働者が従事している状態である．一般に教育過剰が進めば，それだけ不完全就労は加速する．たと

えば教育資格インフレーションは不完全就労の典型的原因のひとつである．しかし，日本では進学需要の根強さにもかかわらず，不完全就労の弊害について余り論議されない．多くの大卒者，とくに女子大卒者が単純労働に甘んじる姿は，日本に特有である．一般に日本的年功序列の賃金カーブによると，若い頃には能力あるいは生産性以下の報酬しか支払われないが，中年以降には能力あるいは生産性以上の報酬が支払われるという．つまり日本の賃金システムは，労働生産性を必ずしも正しく反映しないものになっている．この実態はとくに若者の不完全就労が日本的労働慣行の中に定着していることを示唆する．言い換えれば，企業に採用される側が教育資格の適正な活用への自覚を欠き，さらにその是正に向けての制度的な仕組みも脆弱であることを意味している．

さて第2の問題は，雇用近代化への動きの中で，企業は教育資格にどう対応するのかという問題である．この場合の近代化は，一言でいえば能力主義の導入により企業をゲマインシャフト的体質からゲゼルシャフト的なものに変える動きである．それは身分集団的な企業体質を，契約を媒介にした機能集団的なものに変える動きでもある．実際，日本が直面する若年労働力不足と中高年層の余剰は，否応なく経営の体質転換を迫る．とすれば，これまで以上に企業は労働生産性に敏感とならざるを得ない．すでに職制では専門職制・能力制・年俸制など，採用面では職種別採用・中途採用・学歴不問採用などが積極的に試みられている．しかし，これらの動きが企業の身分集団的体質をただちに変えるのは難しい．企業が体質変化するためには終身雇用慣行の崩壊が前提であり，転職によって社会的不利になるのではなく欧米並みに社会的有利になる状況が必要である．そして，そうした状況が到来したとき，恐らく教育資格は本来の活用のされ方をすることになろう．

注）
1) G. S. ベッカー，佐野陽子訳『人的資本論』東洋経済新報社，1984．
2) P. ブルデューとJ.-C. パスロン，宮島喬訳『再生産』藤原書店，1991．

3) S. ボウルズと H. ギンタス，宇沢弘文訳『アメリカ資本主義と学校教育Ⅰ・Ⅱ』岩波書店，1986，1987．
4) スクリーニング理論には，さまざまなバリエーションがある．代表的なものでもアロー（1973）のフィルター理論，スペンス（1974）のシグナル理論，サロー（1975）の仕事競争理論，バーグ（1970）・コリンズ（1971，1979）・ドーア（1976）らの資格理論があげられるが，これ以外にも，レイヤードら（1974），ライリー（1979），スティグリッツ（1975），タオブマンら（1973），ウォルピン（1977）があげられる．
5) R. コリンズ，新堀通也監訳『資格社会』有信堂高文社，1984．
6) L. C.サロー，小池和男・脇坂明訳『不平等を生み出すもの』同文館，1984．
7) コリンズの整理によると，身分集団とは共通のライフ・スタイルをもち集団アイデンティティの感覚を共有する人びとの共同体，である
8) 秋光翔『文化としての日本的経営』中央経済社，1990．
9) 厳密にいえば，終身雇用とは主として大企業で行われている長期の安定的雇用のことである．
10) R. コリンズ，潮木守一訳「教育における機能理論と葛藤理論」カラベル・ハルゼー編『教育と社会変動（上）』東京大学出版会，1980．
11) R.P.ドーア，松居弘道訳『学歴社会　新しい文明病』岩波書店，1990．
12) 梶田孝道「業績主義社会のなかの属性主義」『社会学評論』第32巻第３号，1981　参照．公務員試験が年齢制限のみで，学歴・教育資格制限を設けないのはこの点を配慮していると思われる．
13) 潮木守一「学校から職場へ」天野郁夫ほか編『教育は「危機」か』有信堂高文社，1987．
14) 竹内洋「就職と学歴」『IDE』No. 292，民主教育協会，1988．
15) リクルート「企業からみた日本の大学院」『カレッジマネジメント』第30巻，1988．
16) 小林信一「大学院への進学と大学院生の就職」『IDE』No.337，民主教育協会，1922．
17) Greenless, J., "Why Japan Scorns MBAs," *The Times Higher Education Supplement,* Feb.14, 1992.

第5章　日本的学歴主義と企業本位社会

1. 理論からみた学歴

　学歴主義と学歴とは，異なる．学歴は卒業した学校についての履歴であり，誰しももっているものである．またどのような国，あるいは社会でもみられるものである．一方，学歴主義は，学歴を過度に偏重し，その結果，社会的公平性においてさまざまな弊害を生じさせるような社会病理の一種，と定義できる．

　学歴が，なぜ人々の関心を呼び，より高いレベルをめざしての獲得の対象となるかについては，さまざまな立場からの説明が試みられている．ここでは，それらを2つに分けて整理しておく．第1の見方は，人的資本論の立場である．そこでは，学歴の獲得は労働生産性の向上と相関があるものと考えられており，とくに個人が教育投資することは生涯賃金ベースで算出される私的収益率の意味からして有利な投資であるとみられている．たとえば，高卒で就職する場合と大卒で就職する場合とを比較した場合，大卒までに必要とした学費や機会喪失費用を考慮しても大卒者の生涯獲得資金は高卒者のそれよりは多い．すなわち学歴獲得行動は，生産性向上に連なる経済合理的な行動としてとらえられる．

　第2の見方は，教育の選別機能に着目した立場である．具体的には，スクリーニング仮説，あるいはシグナル理論などと呼ばれているものであり，基本的には前者と相反するスタンスをもつ．ここでは，学歴獲得が果たす労働生産性への寄与はほとんど意味をもたないとされており，むしろ学歴が有する情報発信機能が重要な鍵であるとする．すなわち，企業などの採用行動を想定した場合，応募者のうち誰が有能であるかを採用側が事前に知り尽くすことは現実にはほとんど不可能である．そこで次善の策として着目するのが，学歴という指標でありシグナルなのである．学歴獲得行動は，このシグナルを「より値打ち

のあるものにする」ための行動である．一般に欧米で学歴が求められることの合理的説明は，これら2つの理論に集約される．

　しかし日本社会における学歴獲得行動の場合，これらの理論で十分尽くされるとは必ずしもいえない．たとえば，戦後日本の学歴獲得による私的収益率は大きく低下してきたが，高校進学率および大学進学率は逆に上昇してきたという事実がある．とりわけ生涯賃金の予測を男子以上に想定しにくいはずの女子が，驚異的な進学率の上昇を示してきている．このことは，人的資本論からの説明に疑問を投げかける．またスクリーニング仮説でいうところの「付加価値表示」機能は，日本の場合どう作用しているのだろうか．確かに多くの生徒が高校や大学に進学する目的は，よりよい就職機会を求めるためであり，その目的実現を有利にするためにも社会的評価の高い学校をめざす．その限りにおいて，最終学歴の「付加価値表示」機能は大いに頼りにされているようである．ただし欧米の場合，比較的に学習成果と就職機会とが結びついているせいもあり，本来の意味での「付加価値表示」が期待されているわけであるが，日本の場合はやや異なる．というのも，戦後のある時期以降，社会とりわけ採用主体としての企業の側は，学校での学習成果に対し，ほとんど期待を抱かなくなったという冷徹な事実があるからである．裏を返せば，進学目的が必ずしも本来的意味での「学歴」あるいは欧米的意味での「学歴」獲得ではないことを示唆している．

　とすれば，とりわけ日本における学歴獲得行動は別な解釈を必要としてくる．この場合，ボードリヤールに代表される消費社会論の見方が役に立つ．彼によれば現代人の消費行動は，使用価値よりも交換価値を念頭に置いたものである[1]．確かに今日の経済の動きとして，必需的消費から選択的消費への流れが認められる．そしてこの選択的消費は，他人とのマージナルな差異をみせつけるための誇示的消費になりがちである．現代日本の学歴獲得行動を理解する上で，教育の使用価値よりも交換価値に着目する視点はむしろわかりやすい．もちろん確固たる向学心に燃え，あるいはしかるべき信念のもとに進学する若者

がいないわけではない．ただし趨勢としてそのような若者が減り，逆に付和雷同型の「皆が行くから行く」モードの若者が増えたことは否めない．とりわけ高度経済成長期以降の高校・大学進学率や志願率の上昇は，いかにも日本的な進学行動様式を抜きには理解しにくいところである．

　かくして日本の学歴獲得行動の特殊性について，以上のような理解が可能である．しかしその理解はいわゆる学歴主義のメカニズムとしては，必ずしも十分なものではない．学歴主義は先にも述べたように，社会病理現象である．学歴追求行為自体は，日本的パターンをとりつつもとくに日本に固有な現象とはいえない．一方，ここでいう学歴主義は，きわめて日本的な病理現象として理解されているものであり，企業・家庭・学校をも巻き込んだ社会全体に横溢しているシステム的病理である[2]．こうしたシステム的病理を突き動かしている根源は，やはり日本社会のシステム内に求めるほかない．

2．日本社会と学歴主義

　ところで学歴主義の日本的な形態とは，学歴主義にまつわる潜在的顕在的虚偽意識が国民の中に浸透し，社会的行動の多くの部分がそれによって影響されるような特殊日本的な社会病理現象といえよう．ただしこの学歴主義は，広い意味ではすでに戦前からその萌芽がみられていたことも事実である．明治以来のいわゆる立身出世主義とは，紛れもなく教育を通して社会的地位をきわめていくことを「賛美する」ニュアンスで唱えられていた．現実にはさまざまな社会的・経済的な桎梏により必ずしも機会均等とはいえなかったが，素性としての封建的身分にかかわらず能力に応じた学歴獲得の可能性は原則として開かれてきた．たとえば旧制高校への進学にすさまじい情熱を傾ける姿などは，限られたエリートの世界とはいえ学歴主義の一面を物語るといえよう．彼らがなぜそうであったかといえば，すなわち，良好な就職機会を得るためにしかるべき学歴が必要であったからである．たとえば明治中期以降は，民間大企業で事務系・技術系の学卒者（大学や高等専門学校レベル）を採用し始める動きがみら

れたこともあり，学歴獲得への需要は確実に増加していた．

　やや具体的にみると，それまで官庁への就職が主であった大卒者は，明治30年代以降，財閥系を中心とした民間企業へ進出し始める．この背後には，近代的マネジメントへの必要性が高まったことと官尊民卑に対抗する意味での社員のレベルアップという，採用側の事情があったとされている[3]．いわゆる新規大卒者の定期採用方式は，遠くこの頃に淵源があるといえよう．もっとも，厳密にいえば採用の対象となったのは大卒以外に，高等専門学校レベルの卒業者も含まれている．さらに大学や高専の中でそれぞれ学校別に採用条件，たとえば給料，昇進の度合い，将来への期待度なども明確に異なっていた．さらに明治37年の日露戦争，大正期の第1次世界大戦への参戦に伴う産業の発展は，ますます学卒社員採用への需要となって現れた．ただし学卒社員の増加とはいえ，絶対数では微々たるものであった．たとえば明治43年時点での男子壮丁の学歴構成をみると，大卒（および，それと同等学力者）は0.4%であり，高校と専門学校（および，それと同等学力者）は0.3%に過ぎなかった[4]．この2つを併せてもわずか0.7%である．ちなみに平成14年度の大学（短大を含む）進学率は48.6%であった．

　大正7年の大学令による大学の拡張を受け，高等教育からの就職者，とりわけ民間企業への就職者はさらに増加の一途をたどることとなるが，折からの第1次世界大戦終結後の不況に伴い一転して就職難に見舞われる．この状況は昭和に入っても好転せず，再び戦争の時期を迎えることとなる．ただここで確認しておきたいことは，大正から昭和に移る頃までに，企業の幹部候補生としての学卒定期採用が一般的に行われるようになったこと，そして彼らの間にいわゆる終身雇用慣行が次第に定着していったこと，である．経営者のキャリアを分析した森川によれば，明治末期と昭和初期との比較でみた場合，内部昇進からトップに上り詰めたケースは明らかに後者に多くみられる[5]．

　このようにみてくるとき，既に第2次世界大戦以前から学歴の獲得と立身出世との関係が世間の知恵として認識されていたことは，ある程度理解できる．

しかしそうであっても，当時そのことが学歴主義の病理として大きく社会問題となっていたかは疑問のあるところである．なぜならこの出世レースに参加できる者は，なんといっても量的に限られていたからである．たとえば昭和恐慌期の昭和11年，学卒就職状況はきわめて厳しい状況であり，大学・専門学校・甲種実業学校計623校卒業生の就職率は55.1％であった[6]．まさに「大学は出たけれど」という意味では，当時の関心をひく話題ではあった．ところがその昭和11年に徴兵検査を受けた者の学歴構成は，大卒・高校卒・専門学校卒の合計でわずか4.3％に過ぎない．大卒だけでみればわずか1.6％であり，約85％は高等小学校以下の学歴しかもたなかったのである[7]．したがって話題性の本質は，一部インテリの思わぬ高等遊民化に対する興味本位から発したものであり，大多数の国民にとっては無縁な世界であったというのが実情であろう．いうまでもなく第2次世界大戦以前の学校教育制度は，複線型制度であり義務教育以後は多様な進学機会が用意され，多くは実業教育を経由して10代半ばでそれぞれの職業世界へ入っていった．一般の人びとに高学歴への一抹の羨望はあっても，日常生活はまた別であった．

　本稿でいう学歴主義的状況が本格的に現れるのは，第2次世界大戦後のことであり，それも厳密にいえば昭和30年から48年までの高度成長期が終焉して以後のことである．この高度成長期にみられたいくつかの変化を示せば，たとえば第1次産業就業者が約3分の1に激減し（昭和35年の30.2％から昭和50年の12.6％へ），また就業者中の雇用者比率は大きく上昇した（昭和35年の53.4％から昭和50年の69.8％へ）．1人当りの国民所得にいたっては，驚異的な増加を示した（昭和35年の139,000円から昭和50年の1,085,000円へ）．そして典型的学歴指標である高校進学率は，劇的な増加を遂げた（昭和35年の51.5％から昭和50年の89.4％へ）．要するに終戦直後の壊滅的状態から約30年を経過することにより，国民の絶対的生活水準の向上とともに生活スタイルとしてのマイホーム的私生活主義が定着してきたのがこの時代といえよう．「9割中流意識」とか「総ホワイトカラー時代」などという用語がみられ始めたのも，この

頃である．経済的にみればその後2度のオイル・ショックを体験し，円高不況，バブル崩壊など深刻な状況をはさんで好景気と不景気の交錯する歩みをたどってきたわけであるが，高度成長期に確立した生活スタイルは今日まで基本的にその延長上で国民の間に浸透してきた．

　一方で，若者の進学や就職の実態はこの間どのような変化をみせたのであろうか．特徴的なことは，次の3点である．まず第1に，中卒就職者数は昭和40年頃を境に約10年のスパンで地滑り的減少をみせている．昭和50年以降も低落を続けているが，なんといっても昭和40年以後わずか10年での急落は劇的である．就職者数でみると，昭和50年は昭和40年の11％までに激減である．第2に，高卒就職者数は昭和45年頃にピークをつけ，その後，若干の持ち直しがみられるものの基本的には長期低落傾向をたどっている．平成7年時点では，大卒（短大卒も含む）の就職者数をも下回っている．そして第3に，昭和45年頃を分岐点として高卒者の動きに重要な変化が生じている．つまり，それまでは高校進学率のカーブと高卒就職者数のカーブはほぼ同じパターンを描いていたが，この昭和45年頃を境にむしろ格差が開く様子が見て取れる．これは，昭和45年頃までの高校進学が高卒就職と大学進学とをある程度視野に入れた進学であったのに対し，これ以降の高校進学は明らかに大学への進学を念頭に置くものがメインとなっていったことを如実に示している．このように，若者の進学や就職行動にみられるひとつの転機は明らかに高度成長期の末期にみられ，そして昭和50年代以降はそれ以前と質的に異なるパターンを描きつつ現在に至るのである．

　そのあたりの事情を，典型的なライフ・ヒストリーで眺めてみよう．図5-1に示すように，まず昭和41年に高校進学を経験する子どもを想定する．一方で，この子どもの親の世代として想定するのは，大正9年に生まれ昭和23年に28歳で結婚，さらに昭和25年にこの子どもをもうけた父である．この親子は戦争体験の有無という意味で大きな世代間格差をもつ関係であるが，学歴においても実に大きな格差をもつ関係でもある．ちなみにこの親は昭和15年に20歳で

徴兵検査を受けているわけであるが，その年，実際に検査を受けた者の学歴程度は表5-1のとおりである．大学と高専までの学歴をもつ者はわずか4.0%であり，中学までが10.7%となっており，全体の85.3%は高等小学校以下の学歴でしかなかった．仮にその親たちの戦後の職業キャリアを想定した場合，30歳代後半から40歳代を通じて高度成長期の日本企業で経済復興の一翼を担う姿を思い浮かべることができる．図5-1のケースの場合，この親は46歳でわが子の高校進学を体験することになる．折しも昭和30年から40年にかけての大学（短大を含む）進学率は，10.1%から17.0%への上昇であり，高校進学率に至っては51.5%から70.7%へと急激な上昇をみせている．多くの父親が自らの学歴に照らし，また職場での体験を思うにつけ，わが子の学歴のあるべき姿についてある種の感慨を抱いたことは想像に難くない．次の述懐は，昭和戦前期に生まれ，戦後，地方の企業に勤務することになった人物の心情吐露である．「N製粉ではどんなに頭が良くても大学を出ていなければ昇進できない．わしは現場の所長止まり．大学を出て10年で管理職．息子にはそういうことで大学に出したかった」[8]．この場合，父親の自らに対する思いは，すでに過去のことであり諦念であり無念である．しかしわが子に託する思いは，可能性に対する

図5-1　昭和期・親子の典型的ライフヒストリー

大正9年　昭和元年　　　　　昭和15年　終戦　昭和25年　　　　　　　　昭和41年

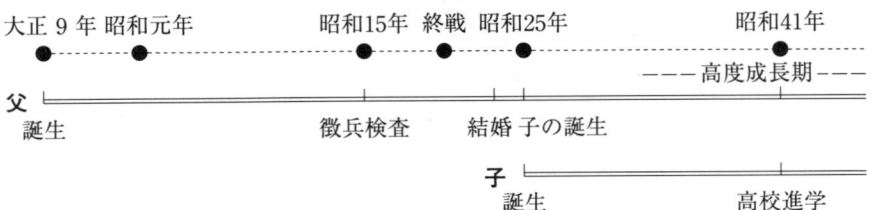

父　誕生　　　　　　　　　　徴兵検査　結婚　子の誕生　　　　　　　　　　　　　　　　　　　　　　　　　　　　　　　　　　　　　　　――高度成長期――

子　　　　　　　　　　　　　　　　　　　　誕生　　　　　　　　　　　高校進学

表5-1　徴兵検査（昭和15年）における男子の教育程度

教育程度	大学・高専及び同程度	中学及び同程度	高小及び同程度	尋常小及び尋常小中退	不就学及びその他
比率	4.0%	10.7%	65.1%	18.9%	1.3%

出所）『完結・昭和国勢総覧第3巻』東洋経済新報社，1991より作成

希望であり，現実に将来への選択肢のひとつとしてリアリティがあった[9]．

こうして昭和40年代から50年代にかけての進学・就職事情にみられる変貌は，「高校進学の人並み化」という形で，学歴獲得を生活の一部と体感させる姿でもあった．しかもそれはゴールとしての大学進学へと連動し，学歴獲得へのアスピレーションはさらに昂揚した．とりわけ日本の場合，いわゆる学歴インフレーションを伴い歪曲された学歴獲得の様相を示しているのが特徴である．そこに学歴主義の戦後的生成の経緯をみるわけであるが，ここでは学歴主義の具体的姿を検証するのが目的ではない．敗戦から高度成長期にかけて徐々に学歴主義を社会的に醸成していった要因，それを究明するのが目的である．次にその要因を企業の採用システムのあり方に探ってみることとする．

3．日本的採用システムと学歴

日本の学歴主義的風潮を作り出した要因については，さまざまな立場からの説明がある[10]．この問題を考える場合，いわゆる「能力主義社会」について触れておくことは有益である．第2次世界大戦後の日本でも，高度成長期以降，いわゆる能力主義社会の到来が叫ばれ，その理念の流布とともに職場システムの改革が模索されてきた．一般に能力主義は個人の業績にかかわるものである．一方で学歴主義は個人の属性に深くかかわるものである．とすれば，能力主義への移行は学歴主義の衰退を伴うはずである．しかし現実には，高度成長の終焉以降，むしろ学歴主義は一層隠微な形で社会に根を下ろしつつある．今日，確かに多くの経営トップは，すでに日本が完璧な能力主義の時代に突入したことを自負している．学歴主義にとらわれた企業経営では，メガ・コンペティションの時代を生き抜くことは到底できない，というのがその認識の背景にある．にもかかわらず，大企業であればあるほど採用要件としての学歴に執着するのはなぜだろうか．能力主義が唱えられつつも学歴主義を引きずっている状態，それが日本社会の偽らざる実態といえよう．

では，はるかに能力主義社会である米国においてなぜ学歴主義が社会問題化

しないのか．この問題を解く鍵は，社会における社会的移動の自由度にあると考える．周知のように米国では高等教育制度においても，また職業キャリアの追求においてもきわめて移動の自由度が高い．とくに20代から30代にかけての比較的若い年齢層は，転職を積極的に試み，社会もそれを十分受け入れている．また採用の仕方でも日本のような「新卒定期一括採用」という社会的慣行はなく，必要に応じて随時行うシステムである．日本の企業社会が能力主義を人事管理システムに取り入れつつあるとすれば，それはあえていえば「採用した後」の出来事である．「採用の仕方そのもの」は，日本と米国は現時点においても決定的に異なっている．かくして，学歴主義の有無は，官庁や民間企業を問わずシステム内在化されている日本的採用に関わるものと考える．（このシステムは，ある意味で企業よりも官庁で徹底しているわけであるが，以下では，企業の対応を主として考察する．）

　日本的採用システムとは，より具体的にいえば，「新卒定期一括採用」制度のことである．この制度がいつ頃から今日のような慣行となったかについては，諸説がある．というのも，制度の対象をどの範囲とするかで見方が異なるからである．実際，大企業と中小企業とでは事情が異なるし，またホワイトカラーとブルーカラーとでは状況が違う．そのホワイトカラーの中でも，大卒事務系と大卒技術系とでは必ずしも同列には論じられない．理解をしやすくするために，図5-2を提示しよう．まず大企業のホワイトカラーすなわち戦前職員と呼ばれていた層については，すでに2.で述べたとおり大正から昭和にかけて新卒定期一括採用が行われていた．とくに財閥系の有力企業はそうであり，大卒のみならず中等教育の卒業者も含めて個別の学校との間にリクルートのためのコネクションが確立していたといえる[11]．しかし大企業の中でもブルーカラーすなわち工員層については，少なくとも第2次世界大戦以前にはなかった制度であるし，また中小企業においてはブルーカラーはもとよりホワイトカラーにおいても縁のない制度であった[12]．つまり大企業のホワイトカラー以外に関しては，新卒定期一括採用とはあくまで第2次大戦後の慣行といえる[13]．

第5章　日本的学歴主義と企業本位社会

この慣行のさらなる普及に大きく影響したのは、日本特有の企業別労働組合であった．よく知られているように戦後の労働組合がまず直面したのは、経営民主化運動である．中でも職員と工員が学歴・階層ごとに異なった待遇を受けてきたことに対しては、これを封建的身分格差としてとらえ、両者の待遇同等化が当面の課題となった．

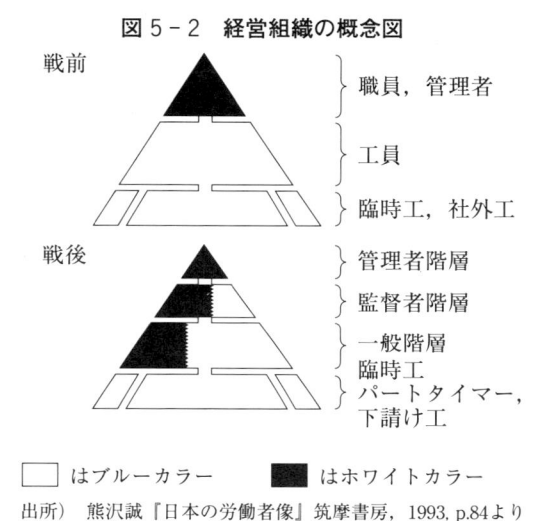

図5－2　経営組織の概念図

戦前
｝職員，管理者
｝工員
｝臨時工，社外工

戦後
｝管理者階層
｝監督者階層
｝一般階層
臨時工
｝パートタイマー，下請け工

□はブルーカラー　　■はホワイトカラー
出所）　熊沢誠『日本の労働者像』筑摩書房，1993，p.84より

とりわけ企業別労働組合という枠内でこれを解決するには、職員と工員とが同等な構成員として参加する体制づくりが必要であった．ただしこの動きには、必ずしも労働者とくにブルーカラーからの一方的要請だけでなく、戦後の民主的雰囲気をかぎ取った経営側の「経営者的配慮」もそこに働いていた．欧米にはみられないいわゆる「工職混合組合」は、こうして誕生していった．しかし昭和20年代から始まった工員の職員化、社員化の動きは、直ちに大きなうねりとなったわけではなく、高度成長期の昭和30年代から昭和40年代にかけてようやく大企業および中小企業に浸透していったというのが実情である．二村一夫によれば、現場労働者を含む正規従業員すべてが、「日給月給」ではなく定期昇給を伴う「月給」を支給されるようになったのは、大体1960年代を待たねばならなかった、という[14]．その結果、高度成長期以降のブルーカラーは、職員あるいは社員としてある程度の管理職昇進への道が開けてきた．企業別労働組合というシステムが、こうしたブルーカラーのグレーカラー化を助長していったことは間違いない．この動きはさらに見方を換えていえば、戦前大企業ホワイトカラーにのみ慣行として存在していた新卒定期一括

105

採用方式が，ブルーカラー・ホワイトカラーを問わず正規労働者のほぼすべてに適用されていくことを示す．もし違いがあるとすれば，どのような学歴を最終学歴として「新卒」採用されるか，という一点だけである．周知のように，戦後日本の教育制度は，世界でもまれなきわめて整然とした単線型教育制度としてスタートした．その単線型の内部においても戦後は戦前に比べ職業教育よりも普通教育が充実してきた流れがあり，その意味でも普通教育をパイプとした学歴競争は誰にも参加しやすい制度として展開されてきた．新卒採用とリンクした最終学歴を少しでも高めたいとする国民的欲求は，いやが上にもかき立てられるという構図が成立していった．高度成長期は，その意味でも学歴の値打ちを単に教養の豊かさという次元だけでなく，生活機会の確保という現実的次元で多くの国民各層に認識させる契機となった．

　ここで新卒定期一括採用について，少し詳しくみておこう．田中は，このシステムを次の3つの特徴に集約して説明している．①職業経験のない者を優先して採用しようとすること，②個別，具体的な職業資格・能力を重視しないこと，③採用時期が学校卒業時期に合わせて集中的・一時的に行われること．[15] もちろんこの整理で十分ではあるが，ここではあえて「新卒」「定期」「一括」の3つの部分に分けて考察してみよう．まず「新卒」採用についてであるが，学校卒業と同時に採用することをノーマルとし，中途採用あるいは就職浪人採用を例外的とする慣行は，欧米的慣行からすればきわめてアブノーマルである．各月ごとの入職率でみると，日本では4月の入職率が他の月に比べて突出しているが，米国では一年中を通じてほぼ平均化している．つまり日本の場合，新規学卒者が4月に集中して採用されることを象徴的に示している．すでにみてきたとおり，大企業ホワイトカラーについては戦前から新卒採用が行われていたが，戦後はある時期以降，新卒採用がすべての正規従業員について常態化している．具体的な理由は，幾つかある．とくに高度成長期以降，企業活動の拡大に対応して低賃金の若い労働者を，しかもいち速く確保する必要が高まったというのは一応の正論であろう．経営側からすればそこには単に労

働者の量的確保だけでなく，企業組織内の平均的賃金水準を低下させる意図もあった．しかしそれと同時に，経営家族主義的体質からの新卒へのこだわりも相当程度働いたと思われる．つまり，他の職場経験のある「よそ者」をできるだけ排除し，「子飼い」を優先して職場秩序の安定を図る思惑である．もとよりその背後には，終身雇用慣行とそれに付随した確固たる企業内教育への自信が存在していた．さらに加えて，学校と就職先とのきわめてタイトな関係が指摘できる．

一般的に若者の労働市場には，一般労働市場と新規学卒労働市場の2種類が存在するが，オーソドックスな市場としては圧倒的に後者であるといえる．しかも後者の場合，職業安定法の規定によって実質的に学校が就職斡旋業務を行える仕組みを前提としている点が重要である．[16] とりわけ中卒者と高卒者に関しては，初職（自営業や農林業は除く）に就くには学校を経由することがほとんど必要条件に等しい．乾によれば，1960年代前半にはすでに中卒全就職者の約6割，高卒全就職者の約8割が学校経由であった，という．大卒の場合は，これらに比べ学校の役割はそれ程大きくはないものの，大学や個別研究室への求人を介して就職するルートはやはり長い間メイン・ルートであった．[17] こうした流れによって，高度成長期には学校を通して直接就職するリクルート・システムがほぼ確立していった．

次に「定期」採用についていえば，これは採用時期を原則として卒業時期に合わせ毎年4月とする慣行である．企業側の採用スケジュールは，この特定の時期に焦点を当てて集中的に組まれる．今日，年2回採用あるいは通年採用なども一部で導入され始めているが，一方で，そうした年複数回採用システム導入に消極的な企業も多い．なぜなら，採用業務に多くの時間と労力を投入したくないという真意があるからである．逆にいえばこの「定期」採用制度は，企業サイドからみて実に都合の良い効率的な仕組みといえる．しかし就職協定の歴史をみても分かるように，4月採用にこだわる採用側の姿勢が学校カリキュラムの内部にまで多大な悪影響を及ぼしてきていることは，すでに常識で

ある[18]．また年1度の就職機会は，これを逃したくないとする多くの学生や生徒にいたずらな強迫観念を抱かせている．さらに「一括」採用についてみれば，それはいかにも高度成長期の採用スタイルを象徴しているかのようである．すなわち，まず量的な意味で大量の大卒者や高卒者をまさに学歴別一括採用する側面と，質的な意味では個々の専攻内容をほとんど考慮することなく「文系・理系」などの大きな括りや「学部・学科不問」など無差別的に採用する側面とを備えている．前者は採用業務およびその後の企業内教育にとってきわめてコスト・パフォーマンス的に働くものであり，後者は職場ローテーションのもとでのゼネラリスト養成体制から派生するものと，学業成果に対する一般的失望から派生するものとの2つが考えられる．

さてここで確認しておくべきは，新卒定期一括採用というわれわれに馴染みある就職システムが，裏を返せば実は採用側からの《学歴要求システム》に他ならない，という関係である．とくに日本の場合，横断的労働市場が未発達であり，またリカレントなキャリア・パターンが依然としてマイナーなままであるということも加わり，新卒求職者個々人に要求される学歴の重みはけっして小さくない．このとき学歴とは，2つの意味を含む．ひとつは，文字通りの学歴であって，たとえば採用要件としての大卒とか高卒という場合である．もうひとつは，学校歴として知られているものであり，同じ学歴の中でのブランドによる格差をいう場合である．いずれの意味であっても，採用側が要求する以上，それはある種の権力的な作用を伴う．なぜなら，採用側が要件として提示する学歴を確保できないことは，就職機会はもとより応募機会すら排除されることに他ならないからである．

ところで学歴インフレーションは，日本のみならず世界の趨勢として知られているが，その現実の姿として指摘できるのが採用要件としての学歴上昇である．とくに日本の場合，高度成長期に大企業ブルーカラーの採用要件でドラスティックな変化が生じた．それは従来からの中卒新規採用を高卒新規採用に切り替える企業が続出したことに示される．普通その理由は，進学率の向上によ

り中卒者が激減したためとされることが多い[19]．しかしその因果関係は，必ずしも定かではない．逆の因果関係が有り得るからである．つまり大手企業が採用要件として先導的に「高卒」を要求し始めることが，高校進学への国民的意識を醸成し，結果として中卒就職希望者を減らす方向に作用したともいえる．同じことは1970年代以降のホワイトカラーにも当てはまる．企業側が「高卒」要求から「大卒」（女性の場合はワン・クッション置いてその間に「短大卒」が介在する）要求へとさらにグレード・アップし，その条件を満たすために大学進学への風潮がかきたてられるという図式である．いったいどちらの因果関係が，より事態の本質を突いているのであろうか．コリンズによれば，学歴インフレーションは純粋な学校教育成果への期待から引き起こされるのではなく，もっと政治的なプロセスに基づいているという[20]．その理屈からいえば，採用要件の学歴レベルをどう設定するかは，採用側のさまざまな思惑に根差している部分が相当大きいと思われる．その思惑の典型的なもののひとつは，採用側の学歴ブランドおよび学校歴ブランド志向であろう．現実にリーディング・カンパニーのほとんどすべてが学歴設定に強いこだわりをもち続けている．とくに学歴主義とのかかわりでいえば学校歴よりも学歴，つまり「大卒」や「高卒」の区別がはらむ問題は大きい[21]．こうして，新卒定期一括採用に象徴される日本的採用システムがいかに企業側の思惑で作動し続けてきたかを垣間みることができる．そしてそれは，企業の意図はともかく，結果的に学歴インフレーションを助長し，学歴主義の蔓延を助長することとなった．

4．学歴の形骸化と学歴主義

実は日本の企業が学歴に寄せる期待は，戦後，必ずしも一貫したものではなかった．その背景として昭和30年代以降の驚異的な高校進学率・大学進学率アップが，学歴そのものの社会的・経済的価値を大きく変化させたこと，そして学歴を目安にした採用を自社の拡大再生産に結び付ける企業側がその学歴価値の様変わりに当惑したこと，これらが指摘できる．加えて，戦後の技術革新の

凄まじさは産業構造の変化とともに旧来からの仕事の質を変えていった．職業教育からの就職者減と普通教育への進学志向はこれらの変容と無縁ではなく，さらにそれは学歴の中身までも変容させていった．こうした流れは，財界の動きを眺めることによりある意味で理解しやすくなる．

ところで，日本の企業の総意を代表しているのが，この財界である．財界は，戦後，多くの機会をとらえて教育のあり方に積極的な発言を繰り返している．講和条約が発効した昭和27年秋，早くも日経連は「新教育制度の再検討に関する要望」を発表し，産業界からみた教育改革を唱えるに至った．さらにその後も昭和30年代前半にかけて日経連は矢継ぎ早に提言を行っている．これらの提言に共通しているのは，産業労働者を育成する機関としての学校教育に対する不満である．すなわち，中等教育における職業課程の貧困，また高等教育における理工系教育の弱体化が，産業発展の阻害要因になるとの認識である．これら一連の提言を実質的に集約した形で出されたものが，有名な経済審議会による「経済発展における人的能力開発の課題と対策」（昭和38年）であった．そこでは何よりも経済発展のための人的能力開発が急務とされ，欧米的な横断的労働力市場のもとで各自の能力に見合った多様かつ効率的な教育が求められた．事実，こうした要請を受けて，昭和35年から45年にかけては，後期中等教育の多様化つまり職業高校が戦後もっとも隆盛をきわめた時期であった．しかしエリートとノン・エリートを能力主義に基づき早期かつ効率的に選別させようとする財界的発想は，国民の一途な進学志向や普通科志向の前に挫折した．そして昭和45年前後を境に職業教育の長期低落傾向が始まり，逆に普通教育人気が急上昇していくのである．高度成長後の1970年代後半以後，経済のソフト化・サービス化・グローバル化のもとで産業構造の激変が訪れる．終身雇用を前提に長期にわたる企業内教育で培う能力練成システムは，もはやボーダーレス・エコノミーにそぐわなくなってきた．何よりも技術革新のスピード・アップは，企業の学校教育に対する職業教育的期待をますます希薄にさせた．もともと教育経済学によると，特定の職業教育よりも普通教育に基づく一般的抽象

能力が有用であるともいわれている[22]．企業の側からすれば，多様化しながらも技術進歩に遅れがちな職業教育に対し限界を感じ，逆に普通教育への期待へとシフトするのは自然の流れであった．折からの国民的高学歴志向の底流は，「中等教育の普通教育化」を一段と加速した．そしてそこで期待される一般的能力の涵養はさらに高等教育のレベルにまでおよび，以後，普通教科での学力に示される一般的抽象能力を人的能力の目安とする「国民的合意」が成立した．いわゆる偏差値主義体制の確立である．

　こうして高度経済成長期に出来上がった企業囲い込み型の日本的雇用システムは，偏差値によって一元化された能力尺度と見事なリンクを築きあげる．そこでは本来多様であるべき能力のバラツキは，抽象的な学力分布に還元され，さらに学歴に収斂してゆくことになる．後期中等教育における職業科は普通科を頂点とした学科ピラミッド体制に繰り込まれ，「普通科的な職業科」になりつつあることはそのひとつの現れである．大学入試においてすでに久しくいわれている「入りたい学部よりも入れる大学」という奇妙な進学行動も，同じ線上にある．その意味で今日の学歴は，本来の学問的経歴の意味合いを失い「学歴形骸化」の傾向を如実に示し始めているといえる．企業が新卒定期一括採用システムに乗りながら，学歴主義的な資格要件に拘泥するかぎりにおいて，この傾向はなおも続くものと思われる．ただし財界の中でも進取的で知られる経済同友会は，すでに高度成長のさなかに企業の学歴主義的体質に警鐘を鳴らし，「我々の志向する高次福祉社会は個人の多様な個性と能力の調和する多元的価値の社会であるから，産業界が率先して学力のみを唯一の能力とする能力観を捨てなければならぬ」と明言している[23]．にもかかわらず，現実が追随しないのはなぜか．これについては，財界の発言自体がもともと理論先行的性格をもっていたとする一般的理由のほかに，高度成長期の後半から財界体質が個別企業の利益追求に傾き始め，社会変革への高尚な関心から離れていったとする見解がある[24]．その限りにおいていえば，学歴主義にとらわれることが利益追求に結び付かないとの認識に至る時，企業の姿勢は変化せざるを得ないであろ

う．事実，平成に入って以降，財界は採用システムのあり方も含めて相当踏み込んだ提言を世に問い続けている．企業環境の激変に触発されながらの危機感を伴ったこれら一連の訴えからすれば，戦後日本の学歴主義が，ようやく転機へのきざしを見せ始めたといえよう．それは同時に，日本的学歴主義の根源がどこにあるかを示唆することでもある．

注）
1) J. ボードリヤール，今村仁司・塚原史訳『消費社会の神話と構造』紀伊國屋書店，1979．
2) 学歴主義が欧米に存在しないという意味ではない．欧米の場合，その存在が全社会的な病弊という形にまでは発展しない点が指摘できよう．
3) 天野郁夫『学歴の社会史』新潮社，1994, p.263.
4) 同上書，p.155.
5) 森川英正『日本経営史』日本経済新聞社，1989, p.153.
6) 三枝夏子「大学は出たけれど・就職今昔譚」『新評』4月号　評論新社，1971, p.138.
7) 猪木武徳『学校と工場』読売新聞社，1996, p.26
8) これは長野県でのある聞き取り調査の結果である．くわしくは，次の文献を参照．久冨善之「世代と階層にとっての学校」『季刊・人間と教育』Vol. 4, 労働旬報社，1994, p.135.
9) もちろん父親の思いがストレートに息子や娘の進学率上昇に反映したなどとは，断定できない．しかし日本のように高校への進学はもとより大学への進学にまでほとんど経済的負担を親が担う状況の下で，教育に対する親の考え，場合によっては怨念にも似た思いがあえてその経済的負担を甘受する方向で機能したことは十分あり得る．事実，高度成長による国民所得の向上が進学率アップに寄与したことは，すでによく知られていることである．
10) たとえば国の文教政策に要因を求めるものとしては，大田堯編『戦後日本教育史』岩波書店，1978．学校制度に求めるものとしては，苅谷剛彦『学校・職業・選抜の社会学』東京大学出版会，1991．家庭のあり方に求めるものとしては，富田充保「階層文化と教育意識における競争・共同」『教育』2月号，国土社，1992．企業社会に求めるものとしては，乾彰夫『日本の教育と企業社会』大月書店，1990, などがある．
11) 菅山真次「日本的雇用関係の形成」『日本経営史・4　日本的経営の連続と断絶』岩波書店，1995, p.196.

12) 島田晴雄『日本の雇用』筑摩書房，1994，p.147.
13) 堺屋太一によれば，1930年代までは大卒民間企業サラリーマンでさえ「浮草稼業」と呼ばれていたし，何よりも当時の日本は世界でもっとも労働者横転率が高かった，という．堺屋太一『日本とは何か』講談社，1994，pp.294-295.
14) 二村一夫「戦後社会の起点における労働組合運動」『シリーズ日本近現代史・4　戦後改革と現代社会の形成』岩波書店，1994，p.69.
15) 田中博秀「『日本的労務管理論』について」『日本労働協会雑誌』11月号，1987，p.8.
16) 学校が公的職業紹介機関と係わりをもつのは，第2次世界大戦以前からであるが，法的な裏づけをもって学校が実質的紹介業務を行うのは，1949年の改正職業安定法以降である．この間の経緯については，次の文献が詳しい．乾彰夫，前掲書，とくに pp.149-152.
17) 大卒の場合，昭和50年代以降は自由応募形式が主として文科系学部で一般的になり，平成に入ると理科系学部にも一部浸透し始めた．しかしそれは学校の事務部局を通さないということであって，アイデンティティとしての出身校の重みが小さくなったということではない．
18) 就職活動を理由に学生が授業を休む場合でも，忌引などと同じ公欠扱いにする大学が急増しているという．『全私学新聞』平成9年4月23日号．
19) 間宏『経済大国を作り上げた思想』文眞堂，1996，p.73.
20) R.Collins, *Theoretical Sociology,* Harcourt Brace Jovanovich, 1988, pp.174-184.
21) 本来なら産業や職業の種類によって必要とする学歴程度（大卒・高卒など）は，もっとバラツキがあっても不思議ではない．なぜ「高卒」ではなく一律「大卒」でなければならないのかを整然と説明できる企業は，恐らく少ないのではないか．ちなみに欧州諸国では，比較的最近まで多くの若者が中等教育から職業世界に入っていた．労働の本質は日本も外国も基本的に同じとすれば，なぜ日本でそれほど「大卒」を必要とするのか疑問である．
22) 橋本寿朗『戦後の日本経済』岩波書店，1997，pp.234-235.
23) 経済同友会「高次福祉社会のための高等教育制度」昭和44年7月18日．
24) 田原総一郎『総理を操った男たち・戦後財界戦国史』講談社，1993，p.23.

第6章　日本企業の閉鎖的体質

1．社会的閉鎖とは

　社会的差別には，性，人種，宗教，係累などさまざまな属性に基づく形態が存在する．もとよりこのような差別による社会の分断化は，どのような社会においても，またいかなる形においても，さらにはさまざまな程度において起こり得ることである．従来，こうした問題に対しては，ミクロレベルでの現象学的解明，あるいは相互作用論的アプローチが良く行われていた．しかし差別の状況によっては，マクロ的究明がふさわしい場合もある．とくに日本企業の採用行動にみられる社会的差別行為は，ある意味で日本社会に根差す構造的側面をもっている．したがって，ここではマクロ的観点からの分析を行ってみよう．

　周知のように現在の日本における学卒者，とくに大卒者の就職事情は大変厳しいものがある．もちろんその背景には，経済のソフト化，サービス化，グローバル化に象徴される産業構造の激変が存在している．企業の採用行動は，バブル期の量の確保から低成長下の質の確保へと移行せざるを得なくなった．しかしこうした就職事情が，単に労働経済的な需給関係で説明できるかといえば，日本の学卒労働市場に限っていえば必ずしもそうとはいえない．たとえば性差別・学校歴差別といった社会的差別が，社会的批判にもかかわらず潜在的に（時に顕在的に）生き続け，そのことが労働経済的な需給関係に混在する形で更に就職事情を複雑にさせているのである．

　そこでここでは，日本企業の採用行動に潜む差別行為を社会的閉鎖 (social closure) とみなし，パーキン，コリンズ，マーフィーらの社会的閉鎖論者の視点を借りつつ，日本的学卒労働市場の採用メカニズムに迫ってみたい．社会的閉鎖の定義は，一般に特定の「集団が資源を支配し，その集団への加入や接近を支配することにより，自らの立場の利益を増大させようとする過程」[1]，とい

うことができる．社会的閉鎖に着目するこの立場は，生産力と生産関係の矛盾に着目するマルクス主義とは異なり，差別の基盤となる社会階級の実体をきわめて多元的に捕らえようとする．その実体とは，たとえば冒頭述べたような性，人種，宗教，係累などのほかに学歴，資格，年齢なども含まれる．この意味で階級社会というよりも輻輳化した階層社会を特徴とする現代社会の分析において，社会的閉鎖理論は効果的な視点を提供すると思われる．

2．法理と採用行為

学卒採用を広く雇用とみなした場合，雇用における差別を当該社会がどのように処理しているかは社会学的な問題である．というのも，雇用差別はきわめて歴史的な背景と結びついており，また社会の違いによって現実にさまざまな展開がなされているからである．ここでは日本の場合と比較する意味で，米国の場合を取り上げてみよう．

よく知られているように，米国においても比較的最近まで雇用機会は必ずしも均等に開かれているとはいえなかった．この問題が全社会的な課題として意識され，法のバックアップのもとに今日的形に整備されるのは，少なくとも1960年代の公民権運動を待たねばならなかった．現在，米国においては，一般に雇用機会均等法と総称される法が存在しているが，具体的には次のようないくつかの法で構成されている．たとえば，公民権法第7条（1964），均等賃金法（1963），年齢差別禁止法（1976），大統領命令11246号（1965），リハビリテーション法（1973），ベトナム戦争参加兵士保護法（1974），妊婦保護法（1978），移民局改正法（1986）などがそれらである．これらのうち公民権法第7条と年齢差別禁止法とで禁止されている行為は，人種・皮膚の色・宗教・性別・出身国・年齢などの理由による採用拒否，解雇，各種雇用条件における差別，その他の差別行為である．とくに採用に限っていえば，採用面接時に質問してはならない事項として，次のものがある．すなわち，年齢，生年月日，本人の旧姓，両親の姓名，人種，出身国，宗教，性別，障害の有無，結婚歴，家

族状況,育児計画,持ち家の有無,逮捕歴,除隊事由などである.また日本と異なり,採用は大学の新卒者に限るというようなこともできない[2].要するにこれらの諸理由は職務遂行に基本的に無関係な属性であり,それらは主たる採用拒否の理由に該当しないのである.というのも,基本的に職務権限の明確な契約社会であり「就社よりも就職」である米国においては,採用・不採用を判定する基準は職務遂行能力以外にはありえない,とする社会的合意が存在するからである[3].さらに米国の雇用差別をみる上で重要なものが,アファーマティブ・アクションである.これは一連の法による雇用機会均等政策が必ずしも完全な雇用平等を実現するものではないとの認識から発しており,機会の平等を超えて結果の平等を目指すものである.米国では,とりわけ人権比率や男女比率に応じた雇用,大学入学に際しての割り当て制として知られている[4].

これに対して日本の場合,採用における差別関連規定としては,身体障害者雇用促進法,高年齢者等の雇用の安定等に関する法律,そしていわゆる男女雇用機会均等法が存在するのみである[5].しかし前2者の法については,「いずれも身障者,高齢者の保護の観点によるもので差別禁止の視点は比較的希薄である」[6].また,後者の男女雇用機会均等法については,1985年の制定当初からその差別規定の不徹底さが指摘されていたが,1999年の改正法では努力義務を禁止事項とするなど大幅な内容強化が行われた.しかし,依然としてその実質的効力はきわめて疑わしい.と同時に,違法行為があったとしても,たとえば就職活動中の学生があえて訴えることの現実的利益はほとんど期待できないと考えられる.ザル法といわれるゆえんである.

さらに日本における採用差別禁止の法的位置づけについては,重大な問題が潜んでいる.一般に広い意味で就職活動,あるいは雇用プロセスを想定した場合,3つの段階が考えられる.まず第1に,職業紹介・職業指導の段階,第2に,ここで問題としている採用の段階,そして第3に,採用した後(この場合,内定も含む)の労働者としての段階,これらが時間とともに経過する.法はこれらの各段階のうち,第1段階については職業安定法をもってあて,第3

段階については労働基準法をもってあてている．具体的には職業安定法第3条に，「何人も，人種，国籍，信条，性別，社会的身分，門地，従前の職業，労働組合員であること等を理由として，職業紹介，職業指導等について，差別的取扱を受けることがない……」とある．同様に労働基準法第3条に，「使用者は，労働者の国籍，信条又は社会的身分を理由として，賃金，労働時間その他の労働条件について，差別的取扱をしてはならない」とある．いずれも差別にかかわる属性について明記され，憲法第14条の法の下の平等が具現化されている．しかし第2段階の採用に関しての同様な個別法は，先に触れた男女雇用機会均等法が実質的に存在するのみであり，それも性差別に限定された不徹底なものであることは先に示したとおりである[7]．このように，とくに採用における差別への法的対応は，日本の場合「アメリカの法理とは格段の差がある[8]」といわねばならない．

　米国と日本とは国情が異なるとはいえ，とりわけ採用に関する差別禁止規定においてこれほどまでに格差が存在するのはなぜか．このことはある意味で，法理論的に考察するよりも社会学的な考察が適していると思われる．なぜなら，手形・小切手法のような国際的に統一された法と異なり「人間の雇用関係を規律する法律はほとんど価値観の固まりであるとさえ言える[9]」ものだからである．言い換えれば法の適用において何が合理的であるかは，判例に代表される当該社会の法理次第であるということになる．日本の雇用関係法の場合，使用者は自由な解雇権を有するにもかかわらず，実体としては民法第1条3項の「権利ノ濫用ハ之ヲ許サス」を適用して使用者側の不合理な解雇に歯止めをかけている．なぜならば，日本においては終身雇用制度が社会的通念として生き続けてきた土壌があるからにほかならない．ところが同じ合理性が，「採用のあり方」さらには「採用時差別の禁止」に対しては十分機能していないのが現実である．言い方を変えればこの場合，合理性をきわめて広く解釈し，使用者の差別行為に対して寛容な法理が形成されている．事実，日本では採用に際しては使用者の自由裁量が相当程度容認されているのである．もちろんこの法理

の精神は，いったん採用した後は容易に解雇できない終身雇用的労働慣行から派生しており，「入り口厳格チェック論」につながるものである．

この問題を象徴的に示すのは，三菱樹脂事件（最高裁大法廷判決・昭和48年12月12日）である．応募者の思想・信条の自由が問われたこの判決の要旨は，次のとおりである．① 思想・信条による採用拒否も公序良俗違反や不法行為とはならない，② 労働基準法第3条の均等待遇も採用段階には適用されない，③ 採否決定のために使用者が思想・信条等の調査をすることも違法ではない．判決文によれば，採否決定に際して応募者の性行や思想の調査を行うことは「……わが国におけるようにいわゆる終身雇傭制が行われている社会では……企業活動として合理性を欠くものということはできない」とある．同趣旨の判例は，募集・採用の「男女別コース制」の是非を問うた日本鉄鋼連盟事件（東京地裁判決・昭和61年12月4日）[10]にも現れている．

これらのきわめて日本的な法理にみられる特徴は，採用の自由をできるだけ認めることにより使用者側の保護を第一義的に考慮しようとする立場である．米国の一連の雇用機会均等法にみられる，採用される者つまり弱者保護的な観点は希薄である．そこには，企業側による社会的差別を社会的通念とさせてきたメカニズムを感じ取ることができる．

3．採用における社会的閉鎖

欧米の場合，社会的閉鎖の主体としてしばしば指摘されるのは，人種や宗教にかかわる身分集団であり，伝統ある家族集団などである．しかしコリンズもとくに日本に触れて指摘しているように，現代日本においては連帯的経営組織を特徴とする企業こそが典型的身分集団にほかならない．[11] 戦後日本の高度成長期に離村向都した浮き草のような大衆を受け入れたのは，経営家族主義的日本企業であった．それはまさに「家」制度の戦後版的姿でもあった．中でも終身雇用，年功序列，企業内組合を曲がりなりにも実現できた大企業は，自らの経営家族主義的身分集団の維持・存続・発展のため，内部にしかるべき装置を組

み入れた．とりわけ「家族員」を迎え入れるための採用システムはその装置のひとつであり，同時にそれは常に買手市場のもとで社会的閉鎖の独壇場でもあった．この社会的閉鎖は，「採用に際しての使用者の自由裁量」という日本的合理性に担保され，ある意味で常に応募者に対する企業の優越空間でもあり続けた．

ここでは企業による社会的閉鎖の契機を，次の4つに限定して整理してみたい．それらは，性，学校歴，年齢，学歴である．もちろん実際にはこれら以外にもさまざまな契機が存在しているが，応募者が何らかの形でかかわる属性としてはこれらが代表的なものといえる．

まず第1に，性つまり男女差による社会的閉鎖についてみてみよう．周知のように男女雇用機会均等法施行（昭和61年）以前は，男女で異なった採用形態が常態化しており，とくに高学歴の女性には正職員としての門戸さえ開かれていない場合が多かった．女性は，あくまでも若い労働力としてであり，なおかつ非熟練労働力であることが予定されていた．学歴が大卒であるよりも短大卒もしくは高卒である方が就職に有利である時代が久しく続いたのもそれに起因する．このことは企業の人事管理上，女性への期待と採用後の処遇を明らかに男性と異なるものとして扱ってきたことの現れである．女性の側からすれば，業績的地位の達成は公的学校教育制度にいる限りにのみ意味のあることであり，それ以後は，女性という帰属的地位に由来する不合理な世界と直面せざるを得なかった．では男女雇用機会均等法施行後，女性をめぐる採用事情が好転したかといえば，幾分かの前進はあったものの依然として厳しい社会的閉鎖は続いている．直近の就職活動においても採用に絡む女性差別は相当露骨に行われており，その様子は公式統計にはけっして現れないものの，ジャーナリズムやインターネットを通じて間接的にうかがい知ることができる．否，むしろ問題は潜在化し事態は悪化している．法を遵守し均等な機会を提供すると公言しながら，個別対応では女性の採用に消極的ないし否定的である企業が跡を絶たない．これまで企業は，「女性はすぐ退職するので教育投資が無駄になる」と

女性敬遠理由を述べてきたが，昨今はその一方で「女性がなかなか退職しなくなったので補充採用が困難である」との理由も用意する．このあたりに，企業の女性に対するとまどいを垣間見ることができる．

　第2に，学校歴による社会的閉鎖が指摘できる．企業が採用時に，何らかの形で応募者の学校歴に関心をもつのは，もしそれが公正かつ合理的な観点からであれば無意味なことではない．つまり当該企業で必要とされる職務能力に対応する学校歴関心，言い換えれば，学習歴を意味する学校歴関心であれば，その姿は至当であろう．しかし日本企業の雇用管理システムでは，一般的に特定の職務能力ではなく潜在的なゼネラリスト的能力が問われる．したがって採用時の企業による学校歴関心は，文字どおり総合的ではあるが常にあいまいな性格をもはらんでいる．具体的には，当該個人の資質よりも在籍校の属性を重視する指定校制度がその代表的な例である．指定校制度は1970年代に社会的指弾を受け，以後，表向き姿を消すことになるが，それまでは公然と行われていた．たとえば昭和43年の調査では，従業員5000人以上の大企業のうち91％が指定校制度をもっていた．[12] また昭和36年当時の損保系人気企業某社の採用案内によると，同社の採用対象校は22大学であった．この数は当時の4年制大学総数約250校の，わずか8％でしかない．もちろん企業はこの会社だけではない．しかし多くのトップ企業の指定校は，程度の差こそあれ相当程度重複していたのが現実である．したがって対象校以外の圧倒的多数の学生は，トップ企業にこだわる限り受験の機会すら与えられなかった．ところで今日いわゆる指定校制度を公言している企業は，おそらく皆無であろう．[13] ところが指定校制度に代替する「私的制度」として1980年代以降普及してきたのが，リクルーター制度である．彼らリクルーターが学校の先輩後輩関係を通じて採用人事に絡む以上，それが実質的に指定校制度の代替機能を果たしていることはいうまでもない．問題は，企業ごとの指定校名が公表されていた以前と異なり，「私的制度」であるリクルーター制度では指定校名が水面下に隠れているという現実である．これは，企業が就職協定をかいくぐるために取った実に巧妙な社会的閉鎖

の一形態といえよう．

　第3に，年齢を契機とした社会的閉鎖が考えられる．日本のように学齢を皆がほぼ一斉にたどることにより人生が横並び展開する学齢社会では，年齢を差別の契機と自覚する機会は必ずしも多くはない．仮にそのような機会に遭遇しても，往々にしてそれは年齢による社会的閉鎖との認識ではなく，正常な学歴を積み上げられなかったわが身への自省へと向かう．いわば私事の問題に貶められるのである．企業への採用の場合，いわゆる年齢制限はどのように設定されているのだろうか．あるアンケートによれば，大企業の場合一応の建前として「年齢制限なし」とするところも多いが，「年齢制限あり」とする場合は25歳前後が目途となっている[14]．新卒採用が雇用慣行として定着している日本において，「年齢制限なし」は実態を反映した見解とは思えず，むしろ「年齢制限あり」とする場合の25歳前後が実質的な上限年齢となっていると推定できる．この年齢設定は，大卒の場合一般に高校浪人を多くとも1～2年，大学留年を事情によっては1年程度斟酌しようとの意思表示に思える．もちろん人事管理上の考え方としては，他の条件が同じならば許される最短の年齢経過であることが望ましい．そこで比較のために，公務員の採用試験受験資格年齢をみてみよう．たとえば，平成15年度国家公務員I種試験の場合，21歳以上から33歳未満までが有資格者となっている．地方自治体では同じく大卒程度の採用試験の場合，もちろんさまざまではあるが一般には21歳から30歳前後までとしているケースが多い．このように公務員試験の場合，企業の新卒採用に比べプラス約5年程度の機会提供が配慮されている．一般的に20歳代の若者の転職意欲が強いことを考慮すれば，行政機関に比べ企業の採用年齢に対する姿勢は文字どおり閉鎖的といわねばならない．

　第4に，学歴にみられる社会的閉鎖について考えてみよう．この場合，学歴とは，中卒・高卒・大卒と称するタテの学歴である．一般的通念からすれば，今日，就職する際に高卒あるいは大卒という学歴は当然であり条件であるかのごとく思われている．しかし実体からすれば，少なくとも公務員になるために

は，形式としての学歴はまったく無用となっている．公務員になるために必要なのは，先に取り上げた年齢資格と職種に対応した学力のみである．ところがたとえば大卒程度公務員試験で求められる年齢制限の下限は，実は大学卒業見込み者でなければ該当しない仕組みになっており，「学歴は問わない」としながらも実質的には大卒が前提となっている．もちろん高卒であっても21歳以上で学力をクリアすれば，大卒程度公務員への道が開かれている点は評価しなければならない．一方，大企業の通常の採用の場合，ほとんどすべて大卒，というより正確にいえば「大卒見込み」という学歴取得を応募要件としている．このことは，中卒および高卒者（生産工程のブルーカラーは除く）が大企業への就職機会から排除されることに他ならない．同じ理屈は中卒と高卒の関係においてもいえる．すなわち高卒を条件とする企業は，中卒者の実力を問うまでもなく彼（彼女）らを機械的に締め出すこととなる．たとえば平成14年度の大卒全就職者数のうち，公務員の占める比率は4.8%である．残りの圧倒的部分は，少なくとも形式的であれ学歴を求められたことになる．大卒程度の公務員試験に求められる潜在的能力と，企業がとくに大卒（見込みも含む）でなければもち得ないと判断する潜在的能力との間に，果たしてどれだけの違いが存在するのだろうか．日本の労働者のように，特定の職務能力ではなくゼネラリスト的可能性を期待されている場合，とりわけそのことがいえる．

4．企業主導の社会的閉鎖メカニズム

このように米国の企業に比べ日本の企業は，採用における社会的閉鎖機能をはるかに行使しやすい状況下に置かれ，また現に行使している．そのことの社会的背景としては，先にもみたように使用者サイドの採用観を色濃くもつ法理の存在も無視できない．しかし法の存在は違法行為への最終的バリアーにはなりえても，そうした企業体質への説明としては不十分である．したがって利益集団としての日本企業が，社会的閉鎖行為をある意味で享受できるメカニズムが問われねばならない．この問題を考察するには，採用主体としての企業と応

募者との関係，および，採用主体としての企業と応募者を輩出する学校との関係，これら2つを眺める必要がある．

　まず指摘したいのは，新卒労働市場における需要側つまり企業と供給側つまり学生との関係は，非対称性を特徴とする点である．一般的に学生の就職環境を表現する際に，その時々の景気次第で「買手市場」あるいは「売手市場」と呼ばれることがある．これはあくまでも全体的な需給関係を示しているのに過ぎず，誤解を招きやすい．個々の学生と企業との関係でみれば，企業は常に買手市場に置かれている，というのが真実である．なぜならば，新卒労働市場において企業は資本を備えた組織として臨み，一方の学生は自らの労働力をのみ携えて相対する関係にあるからである．クレッケルも述べているように，生命体としての労働力は生きるためにも基本的に働かないでいることはできないのに対し，企業は資本力次第で採用を延期したり抑制したり中止することは可能である．[15] もちろん資本主義が機能している以上，企業も労働力予備軍としての学生もお互いを必要としている関係は押さえておかねばならない．ただ違うのは，労働市場における取り引き能力の点で企業が圧倒的に「懐が深い」ということ，つまり非対称性の存在である．いわゆる大企業は人気が高く就職が困難であるという事情は，単に競争率の問題ではなく，新卒労働市場における「懐の深さ」が働いているとみるべきである．

　次に学生を送り出す学校と企業との関係も，きわめて重要である．先にも述べたように，企業への応募要件として形式的学歴が求められる慣行は，すなわち，そこに企業の学校に対する何がしかの期待を予測させる．ただしその期待の性格は，たとえば，大学での学習成果を必ずしも期待するようなものでないことは，今日すでに常識である．資本主義社会における両者の関係は，ある意味で学校に対する企業の優越した権力関係とみることで理解しやすくなる．しかしこの関係は，「教育制度が支配的な社会的階級構造の再生産に関わる重要な要素である」（ボウルズとギンタス）[16] というようなストレートな支配関係ではなく，もっと緩やかな関係である．この種の権力関係について，マーフィーは

「収益権力（power to profit from）」の概念を提示して説明している[17]．現在，日本の学校教育制度は，教育基本法第10条によりその独立性を保証されている．さまざまな教育成果は，教育の自律性の下に客観的に達成されたものとの社会的合意がなされている．その上でとくに注目すべきは，そうした教育成果が本来の趣旨を離れ，企業によって別な収益確保に転用され得る権力関係の存在である．たとえば学生の採用行動を通じた今日の企業・学校関係をみると，よく分かる．企業が学校教育制度から得ている利益の大きな部分は，採用予定者のスクリーニング情報（一般的には偏差値）がただで手に入るという構図である．入試制度が精巧を極めれば極めるほど，得られる情報は精緻になる．さらにいえば，学校教育制度の階梯を昇るにしたがって，学生自身が自らたどるであろう職業的キャリアをわきまえていく予期的社会化の過程も見逃せない．この過程については，クーリング・アウト（ホッパー）[18]，自己排除（ブルデューとパスロン）[19]，などとして多く指摘されているところである．さらに生々しい事例としては，就職活動での試行錯誤を通して学生が分相応の企業を見分けていく姿も報告されている[20]．偏差値を自らの属性に転化させながらの学生の自己選別は，とくに大企業にとっては大変都合の良いインフォーマル・システムに映る[21]．こうした構図を享受できる力関係の中に，企業のもつ緩やかな収益権力が伺える．ちなみに企業と大学との採用をめぐる象徴的力関係は，一連の就職協定問題への対応ぶりをみれば容易に知れるところとなる．

ところで企業という利益集団は，基本的に営利追求集団である．したがって企業経営は，原則としてコスト・パフォーマンスに神経質な合理的行為として捉えることができる．経営戦略が人材確保と密接に連携していることからしても，採用のあり方も当然同じ線上にある．とくに経済学理論では，性・学歴などによる採用差別を伝統的に統計的差別理論，すなわち労働者の訓練コストを想定する際，所属集団の客観的特性に基づいて確率論的判断をすることにより個別の差別が生じる，として説明してきた[22]．確かに新古典派経済学の考え方は，基本的に経済行為を貨幣交換に基づく量の移動として分析しようとする．

応募者のうち誰を採用しないか，つまり採用時の社会的閉鎖は，採用後の訓練コストの問題にすりかえられる．しかしこうした解釈は，現実の多様な歴史的背景をもつ労働慣行，つまりそれ自体が社会内在的に積み上げられてきた固有の労働慣行を十分に説明するとは思えない．なぜなら，訓練コストの判定自体が，複雑で不確定な社会条件の下でしかなし得ないことであり，したがって究極的に主観に頼らざるを得ない部分を多く内包しているからである．となればベッカーがいみじくもいうように，嗜好（好み）に属する部分はおよそ経済モデルのなし得ない領域となる．かくして採用差別は，実際にはコリンズが説くように人種・性・学歴・係累・コネなど人間的な属性によって主意主義的に行われているとみるべきである．

　では，日本の企業は米国の例にもまして圧倒的に優勢な新卒労働市場のもとで，いったいどのような社会的閉鎖に関心を寄せるのであろうか．それは，先に示した4つの社会的閉鎖に再度立ち返ることによって知ることができる．第1の性の社会的閉鎖においては，女性を周辺労働力として扱おうとする企業の本音が指摘できる．言い換えれば，それは労働市場における「生産業績主義の心臓部から家庭の主婦や女性を遠ざけておく」[23]ような企業本位的体質といえるであろう．第2の学校歴にみる社会的閉鎖では，たとえば有力大学出身者を採用することから得られる企業のイメージ・アップ，有力大学との伝統的かつインフォーマルな採用関係の維持，有力大学出身者がもつネット・ワークへの将来的期待などが狙いとして挙げられよう．第3の年齢による社会的閉鎖では，年功序列的人事管理が大きく関係していよう．つまり採用後30歳代までの比較的長期間を，ほとんど横並びに昇進させる日本的システムの運用上，同期生の間に年齢の極端なバラツキがあることは好ましくないのである．昨今，年功序列崩壊の兆しが囁かれているが，それは採用後のことであり，スタートラインでは同一年齢横並びが大きな意味をもち続けている．第4の学歴からの社会的閉鎖への関心は，もちろん人事管理の側面もさることながら，たとえば，大学で4年間過ごすことによるサラリーパーソン的メンタリティの涵養にあると思

われる．なぜなら，もし入学時の偏差値にのみ関心があるのであれば，卒業を待つまでもなく大学中退者の積極的採用がもっとみられて良いわけである．

かくして日本においては，新卒採用主義という世界にも例をみない雇用慣行のもとに，そしてまた企業サイドの採用観が支配する法理空間の中で，企業主導の社会的閉鎖行為が潜在および顕在機能的に展開し続けている．

5．社会的閉鎖の行方

社会的閉鎖理論の貢献のひとつは，学歴・学校歴などに基づく業績的地位が実は人種・性などに基づく属性的地位と類似したものだとする視点の提供にある．これは，社会の近代化とともに属性的地位が業績的地位に代替されるという階層理論の知見にもかかわらず，実体としては業績的地位が属性的地位を少なからず反映していることを意味している．この考え方に従えば，学歴・学校歴などを基準とした社会的閉鎖すなわち採用差別は，客観的・合理的・公平的なものにみえながらも性・人種あるいは育った社会環境など，属性に由来する不合理な差別であることも考慮せねばならない．実際そうした前提で米国では属性によるいわれなき社会的閉鎖に対してはもちろん，業績に基づいた場合でもその適応次第では不合理性が厳格に問われる．ところが日本の場合，企業の採用において性や年齢といった属性がいまだに重要な役割をもち，学歴や学校歴にいたっては客観的業績指標という名のもとにきわめて重宝されている．

こうしたことがなぜ暗黙の社会的合意として，等閑に付されているのか．その大きな原因は，日本企業に特有の不明瞭な労働者像にある．これは，労働者相互間の職務権限にみられる不明瞭さと同時に，企業自体が採用に当たって応募者に求める人材観の貧困としてもいえる．応募する側からみれば，個々の企業が何を期待しているかが不明なため，応募に備えての心構えに苦慮する．もっと重大なのは，応募者に対し本当は何を求めるべきか，採用側に明確なイメージがないことである．こうした人材観の混乱ないし不在が，結果的に安易な社会的閉鎖を助長している．しかしこれまでは実体はともかく理念としての終

身雇用制度が浸透していたため，そのような採用の仕方でも企業内教育で十分矯正できるとの説明が意味をもっていた．事実，そのことがある程度は実行されてもきた．ところが終身雇用制度はすでに大企業においてでさえ崩壊の兆候を見せ始めており，採用のあり方ははるかに短いスパンでその功罪が問われることとなる．財界は採用の閉鎖性に対し警鐘を鳴らしてはいるが，個々の企業はいまだそのことへの認識が希薄である．

注）

1) Social Closure, Jary, D. and J. Jary, (eds.), *The Harper Collins Dictionary : Socilogy*, Harpwe Collins Publishers, 1991, pp.448-449.
2) L.リープマン，竹地潔訳「アメリカの雇用差別禁止法」花見忠編『アメリカ日系企業と雇用平等』日本労働研究機構，1995，p.25.
3) この点で画期的な判例となったものが，1971年のグリッグズ対デューク・パワーズ社事件である．連邦最高裁は，採用資格に高卒要件を求めても，その要件が職務への必要性があると認められなければ違法である，と判決を下した．
4) 1990年代後半に入ってアファーマティブ・アクションが逆差別を生むとの批判が高まり，一部の大学で有色人種・入学枠を撤廃したところ，予想をはるかに超える合格者減となった．皮肉にも，このことが改めて人種差別の根深さを浮かび上がらせた（『日本経済新聞』1997年8月9日付）．
5) 1999年に改正された新・男女雇用機会均等法の正式名称は，「雇用の分野における男女の均等な機会及び待遇の確保等に関する法律」である．
6) 花見忠「均等待遇」『ジュリスト増刊・労働法の争点（新版）』有斐閣，1990，p.155.
7) 男女雇用機会均等法の限られた効力の一方で，民法第90条の公序良俗違反の立場から採用における差別を違法とし損害賠償を求める解釈が可能である，とする見解がある（花見忠・篠塚英子編『雇用機会均等時代の経営と労働』東洋経済新報社，1987，p.70).
8) 中窪祐也「日米における雇用差別禁止法の位置づけ」花見忠編，前掲書，1995，p.60.
9) 竹内規浩『アメリカの雇用と法』一粒社，1993，p.7.
10) この判決は，採用差別に関しては男女雇用機会均等法施行後初めて出された判決であった．
11) R.コリンズ，寺田篤弘・中西茂行訳『マックス・ウェーバーを解く』新泉社，1988，p.6.

12) 高橋由明「学校教育制度と公共職業教育制度」高橋由明編『教育訓練の日・独・韓比較』中央大学出版部，1996，p.8.
13) 理系に限定すれば，一部大企業ではいまだに学校推薦という形の指定校制度にこだわりその旨公表しているわけであるが，学校名の公表はないのが普通である．
14) 毎日新聞・東京本紙（夕刊）「企業が求める学生像」1996年4月16日付．
15) Kreckel, R., "Unequal Opportunity Structure and Labour Market Segmentation," *Sociology*, No.14, 1980, p.529.
16) S. ボウルズと H. ギンタス，宇沢弘文訳『アメリカ資本主義と学校教育Ⅰ』岩波書店，1986，p.213.
17) Murphy, R., "Power and Autonomy in the Sociology of Education," *Theory and Society*, Vol.11, 1982, pp.179-203.
18) Hopper, E., *Social Mobility*, Basil Blackwell, 1981.
19) P. ブルデューと J.-C. パスロン，宮島喬訳『再生産』藤原書店，1991，p.79.
20) 刈谷剛彦・沖津由紀・吉原恵子・近藤尚・中村高康「先輩後輩関係に"埋め込まれた"大卒就職」『東京大学教育学部紀要』第32巻，1993，pp.89-118.
21) その辺の事情について，上場企業の元人事マンが率直に語っている．「偏差値慣れしている学生のほうも，勝手に企業偏差値をつけて，自分の偏差値に見合った企業を選ぶ傾向が強い気がする．これは，人気企業にとっては真に都合のいいモノの考え方で，黙っていても優秀な人材が集まる」（日比正二『「超」人事管理法』アリアドネ企画，1996，p.187.)
22) 「学歴や性別によるスクリーニングは，企業にとって貴重な企業内訓練機会をもっとも効率的に配分するために必要な手段であり，日本的雇用慣行の本質から派生するものといえる．」（八代尚宏『日本的雇用慣行の経済学』日本経済新聞社，1997，p.66.）サローも統計的差別について触れている．しかし彼は個々の企業にとっての統計的差別は合理的であるが，経済全体からみれば非効率的であるとする（L. C. サロー，小池和男・脇坂明訳『不平等を生み出すもの』同文舘，1984，pp.242-243).
23) 山口節郎「現代社会と不平等」『現代哲学の冒険3・差別』岩波書店，1990，p.329.

第7章　財界教育提言の変遷とその意味

1．教育提言の変遷

　まず，財界の定義を確認しておこう．御園生等によれば，「財界とは大企業およびその経営者（財界人）達の形成する経済的世界で，財界諸団体を通じてその利害を政府の政策形成に反映させ，『政・財・官』複合体の中心となって日本の社会に影響を与えるパワー・エリートの集団」である[1]．この意味での財界は，当然，日本の経済政策に対しさまざまな影響力を行使する．しかし，ある意味でそれ以上に財界が関心を寄せている問題，それが治安と教育である．事実，戦後日本の教育の変遷において，財界はかなり早い段階から直接的間接的に政策当局への意思表明を行ってきている．確かに教育政策を現実に行使するのは文部省（現・文部科学省）であるが，下された政策の背後に財界の意思が陰に陽に働いているのも事実である．この場合，財界の意思をもっともよく表しているものが，財界から発せられる各種の教育提言である．そこでそれら教育提言を分析することで，財界の教育に対する関心の狙いを探り，また財界活動が戦後日本の教育をどのように変えたかを眺めてみたい．なおここでの財界は，いわゆる旧経済4団体のうち日経連（日本経営者団体連盟），経団連（経済団体連合会），経済同友会を主として取り上げた[2]．

　戦後，財界が行った教育提言は，発した団体名やその時期の点である特徴がみられる．表7-1がそれを示している．まず団体名でいえば，戦後まもなくから高度経済成長期あたりまで，すなわち1960年代頃までは，日経連による提言が多かった．とくに1950年代は日経連のものだけである．その後，1960年代に入ってからは経済同友会の提言も散発的に行われ，日経連の活発な提言と合わせ数字的には比較的多い時期となっている．しかし1970年代は，一転して経団連はもとより日経連も経済同友会もほとんど提言を行っていない．財界教育

表7-1　財界教育提言一覧

年月	団体名	提言のタイトル	日経連	経団連	同友会
1951年12月	日経連	「技術者養成制度改正に関する意見」	●		
1952年10月	日経連	「新教育制度の再検討に関する要望」	●		
1954年12月	日経連	「当面教育制度改善に関する要望」	●		
1956年11月	日経連	「新時代の要請に対応する技術教育に関する意見」	●		
1957年12月	日経連	「科学技術教育振興に関する意見」	●		
1960年 7月	同友会	「産学協同について」			◎
〃 年12月	日経連	「専科大学制度創設に関する要望」	●		
1961年 8月	日経連・経団連	「技術教育の画期的振興策の確立推進に関する要望」	●		
1963年11月	同友会	「工業化に伴う経済教育についての提案」			◎
1965年 2月	日経連	「後期中等教育に対する要望」	●		
1968年11月	同友会	「大学の基本問題（中間報告）」			◎
1969年 2月	日経連	「直面する大学問題に関する基本見解」	●		
〃 年 2月	日経連	「能力主義管理〈その理論と実践〉」	●		
〃 年 7月	同友会	「高次福祉社会のための高等教育」			◎
〃 年 9月	日経連	「教育の基本問題に対する提言」	●		
〃 年12月	日経連	「産学関係に関する産業界の基本認識および提言」	●		
1971年 4月	日経連	「大学改革実現に関する要望」	●		
1972年 2月	同友会	「70年代の社会緊張の問題点とその対策試案」			◎
1979年10月	同友会	「多様化への挑戦」			◎
1982年 1月	同友会	「行政改革—今後の文教政策に望む」			◎
1983年 7月	日経連	「近年の校内暴力問題について」	●		
1984年 1月	日経連	「労働問題研究委員会報告」	●		
〃 年 1月	同友会	「新しい成長と政治改革〜昭和59年年頭見解」			◎
〃 年 7月	同友会	「創造性，多様性，国際性を求めて」			◎
1986年 4月	日経連	「学歴問題について」	●		
〃 年 5月	同友会	「社会と企業の求めるこれからの人材」			◎
1989年 6月	経団連	「経済・産業構造の新たな展開に対応するための雇用・人材養成問題について」		○	
〃 年12月	同友会	「新しい個の育成—世界に信頼される日本人をめざして」			◎
1991年 1月	日経連	「労働問題研究委員会報告」	●		
〃 年 6月	同友会	「『選択の教育』を目指して—転換期の教育改革」			◎
1993年 7月	経団連	「新しい人間尊重の時代における構造改革と教育のあり方について」		○	
1994年 4月	同友会	「大衆化時代の新しい大学像を求めて」			◎

〃 年5月	同友会	「個人と企業の自立と調和」		◎
1995年4月	日経連	「新時代に挑戦する大学教育と企業の対応」	●	
〃 年4月	同友会	「学校から『合校』へ」		◎
〃 年5月	日経連	「新時代の『日本的経営』─挑戦すべき方向とその具体策」	●	
1996年3月	経団連	「創造的な人材の育成に向けて─求められる教育改革と企業の行動」	○	
〃 年10月	経団連	「魅力ある日本─創造への責任─経団連ビジョン2020」	○	
〃 年10月	同友会	「規制撤廃・緩和に対する要望書」		◎
1997年2月	日経連	「グローバル社会に貢献する人材育成」	●	
〃 年3月	同友会	「『学働遊合』(がくどうゆうごう)のすすめ」		◎
1998年4月	経団連	「変わる企業の採用行動と人事システム」事例集	○	
〃 年9月	経団連	「企業の求める人材と今後の教育改革」	○	
1999年4月	日経連	「エンプロイヤビリティの確立をめざして」	●	
2000年3月	経団連	「グローバル化時代の人材育成について」	○	
2001年4月	同友会	「学校と企業の一層の相互交流を目指して─企業経営者による教育現場への積極的な参画」		◎
2003年4月	同友会	「若者が自立できる社会へ～企業そして学校・家庭・地域に何ができるのか～」		◎

注) 1．日経連は「日本経営者団体連盟」，経団連は「経済団体連合会」，同友会は「経済同友会」のそれぞれ略である．
   2．日本商工会議所その他の団体については，件数が少ないため割愛した．

提言の歴史の中で，一種の空白期がそこにみられる．1980年代に入ると，今度は経済同友会からの提言が顕著となり，この流れはその後も続いている．その一方で日経連からのものは1960年代までの隆盛はなく，どちらかといえば散発的である．1990年代以降になると，経済同友会からの提言が引き続き旺盛に行われると同時に，それまで少なかった経団連からの提言がみられるようになり，また日経連提言もいくつかなされている．10年スパンのくくりでいえば，この10年は戦後もっとも華やかな提言ラッシュが展開されている時期といえよう．

　以下，やや詳しくみていこう．まず1950年代であるが，この時期は占領から独立，そして高度経済成長期への橋渡し期でもあり，「政治から経済へ」のド

ラスティックな転換期でもあった．労務対策を主とする日経連は，次代の産業振興を担う労働者のあり方に関し，当然，無関心ではおれなかった．というのも，当時の財界の目には戦後の新教育がいわゆる教育3原則（総合制，男女共学制，小学区制）のもとで，戦前にも増して職業教育の脆弱化と普通教育偏重に変貌しているとみえたからである．この視点はすでに1951年11月，吉田首相の私的諮問機関である政令改正諮問委員会による「教育制度の改革に関する答申」で明らかとなっている．この委員会の委員9名のうち2名が財界代表であり，石坂泰三（東芝社長，のち経団連会長）と原安三郎（日本化薬社長）であった．[3]その答申では，基本方針のひとつとして，「普通教育を偏重する従来の制度を改め，職業教育の尊重強化と教科内容の充実合理化を実現すること」を明記している．1950年代の一連の日経連による提言は，基本的にこの政令改正諮問委員会答申と同じ基調で為されているとみてよい．

　1955年当時，高校進学率が51.5％，大学進学率が10.1％という時代にあって，産業界としては中卒，高卒，大卒のそれぞれのレベルでの適切な即戦力を求めていた．1956年の日経連提言「新時代の要請に対応する技術教育に関する意見」は，各卒業レベルに見合った職業教育の充実について詳細に述べている．たとえば，中卒就職者の技能教育や定時制教育の整備，高卒就職者に対しては，とくに初級技術者需要増の観点から工業高校の増設と内容強化，大卒就職者に対しては，法文系偏重を改め理工系の増強を，それぞれ強く要請している．とりわけ戦前と比べ貧弱となった旧制専門学校卒レベルの職業教育に対しては，財界の危機感は相当なものであったと推察される．先の政令改正諮問委員会答申では，早くも6・3・3・4の学校体系を改変する構想が提起され，さらにその後の日経連提言でも同様な構想が繰り返し触れられている．これらはすべて初級・中堅技術者の職業教育充実を狙いとする財界の意向そのものであった．

　1960年代にはいると，財界，産業界，企業からの教育政策に対する提言がさらに増加し，また現実に政策形成への影響力も高まってきた．その象徴的な事

例のひとつが1962年4月発足の工業高等専門学校であった．これはかねてから財界が求めてきた中級技術者の養成機関であり，1960年にも日経連から「専科大学制度創設に関する要望」として政府および国会に対して要望されたものでもあった．しかも「中教審での論議も全くないまま実施に移された[4]」というほどの，きわめて財界主導の教育制度改変であった．しかしそのこと以上に1960年代を特徴付ける契機となったのは，1960年7月の池田内閣登場と，その後の高度経済成長路線であった．財界はこの路線に呼応して，経済審議会など枢要な政策形成ルートに要人を送り込み，従来にも増して国政全般にわたる提言機能を強めていく．同じ年の10月，経済審議会の教育訓練小委員会は「所得倍増計画にともなう長期教育計画」を発表し，さらに1963年1月，経済審議会は「経済発展における人的能力開発の課題と対策」を池田首相に答申した．そこには財界の説く人的資本論構想が，教育における能力主義の徹底へと連動する図式が見事に描かれている．

また1960年代は，日経連，経済同友会以外の経済団体も活発に教育提言を行っている[5]．そしてこの時期，注目すべきは，中央教育審議会を介しての財界活動である．たとえば1966年の中央教育審議会答申「後期中等教育の拡充整備について」にかかわる第7期委員20名のうち，財界出身は久留島秀三郎（同和鉱業相談役），藤井丙午（八幡製鉄副社長，元経済同友会副代表幹事），諸井貫一（前出）の3名であり，臨時委員5名のうち財界出身は出光佐三（出光興産社長），松下幸之助（松下電器会長）の2名であった．さらに歴代中央教育審議会答申の中でもとくに注目を浴びた1971年答申「今後における学校教育の総合的な拡充整備のための基本的施策について」に関しては，「財界にとって要望通りの内容だった」との裏話さえ報道されている[6]．

1970年代は，一転して財界教育提言が量的に沈滞した．財界3団体のみで把握できるだけでも，この10年間にわずか3件に過ぎない．この間の事情について秋山哲は，第1に低成長時代の到来とともに人手過剰となり人材確保への熱意が希薄化したこと，第2に大学紛争の混乱が財界の教育改革意欲を失わせた

こと，この2点を指摘している[7]．

1980年代は，安定経済成長のもとで高校進学率がほぼ上限に達し大学進学率も横這い状況をみせる中，積年の制度疲労としての教育病理が無視できなくなった時期である．この問題からの脱却を教育の多様化と個性化に求める財界は，1979年の経済同友会提言「多様化への挑戦」，1984年の経済同友会提言「創造性，多様性，国際性を求めて」，1989年の経済同友会提言「新しい個の育成——世界に信頼される日本人をめざして」などで訴えた．ただしこれら提言の真意は，財界・産業界・企業の側からする望ましい人材の確保が根底にあり，1986年の日経連提言「学歴問題について」や同年の経済同友会提言「社会と企業の求めるこれからの人材」などはその点を垣間みせている．すなわち，従来のような画一的尺度による学歴競争のもとでは，産業変革期に耐え得る人材が育たないとし，生涯にわたる多様な教育制度のもとでの創造的個性の開発を期待するというものであった．しかしこの時期，特異な存在であったのは中曽根首相直属の臨時教育審議会であった．1984年発足のこの審議会は，戦後教育の総決算を目的とする中曽根首相の政治的指導性が色濃いものであり，財界人が直接的な影響力を行使する性格のものとはいえなかったが，答申の内容は明らかに財界サイドの展開となっていた[8]．最終答申にみられる改革への視点，すなわち「個性重視」「生涯学習への移行」「変化への対応」は，脱工業化社会のあるべき教育像として1970年代から財界が模索していた姿と大きく重なっていた．

バブル崩壊後の1990年代，財界は教育提言を精力的に行っている．その理由は，グローバル化した世界経済の中で日本産業の競争力低下を懸念しているからに他ならない．そしてこの問題の鍵となるのが人材の質であり，それを担うはずの教育システムの在り方である．しかし教育政策の責任当局である文部省は，臨時教育審議会への対応にもみられるように，当初，必ずしも財界の意向に沿うものではなかった．文部省からの「個性化」「自由化」への政策誘導はカリキュラムの中身に中心がおかれ，財界が求める制度改変に踏み込んだもの

とはいえなかった．この点に財界の不満があった．1990年代になされた提言のタイトルやサブ・タイトルを眺めると，「新しい」「個人」「責任」「創造」といったキイ・ワードが並ぶ．これらは，国や財界が構想する新自由主義時代に生きる人間像，労働者像でもあり，その視点は1995年の日経連の有名な提言「新時代の『日本的経営』—挑戦すべき方向とその具体策」に凝縮されている．そこでは，労働者への新たな雇用管理方式が提示され，労働力の流動化こそが産業競争力の強化につながるとの図式が展開されている．注目すべきは，このような財界の労務管理政策が各種の教育提言と連動し，財界版教育改革プランと基本的に同じ軌道を描いている点である．たとえば1996年の経団連提言「創造的な人材の育成に向けて」や1997年の経済同友会提言「『学働遊合（がくどうゆうごう』のすすめ」は，いずれも教育改革のためのレポートという体裁ではあるが，先の「新時代の『日本的経営』」と基調は同じである．

2．財界の人材観

　財界教育提言の根底には，常に望ましい労働力の理念像がある．この場合，「個人としての労働力」と「集団としての労働力」とに区分できる．前者でいえば，たとえば基礎的な知識や専門的知識の有無，独創性の有無，社交性など人間関係での適応力の有無，企業秩序への柔軟性の有無などが判断要素となろう．後者でいえば，エリート，準エリート，中堅労働者，末端労働者，さらには非正規労働者などの構成比や役割構造がポイントとなろう．そしてこれら労働力をいつ，どのようなルートで調達するかも，個々の企業にとって重大な企業戦略である．戦後日本の労働市場は，基本的に若年労働者の新卒定期一括採用を軸として展開されてきたのは事実であるが，それも産業構造の変化や景気の浮き沈みによって微妙な変化を伴っていた．そこに，財界など採用側が労働力としての人材に寄せる思いが大きく係わってくるメカニズムをみることができる．もっと直截にいえば，財界は常に学校教育制度を労働力の供給源，換言すれば労働力需要に見合った人間形成と配分システムとして眺める傾向をもっ

ていた．そのもっとも先鋭化した表現が，1963年の経済審議会答申「経済発展における人的能力開発の課題と対策」にみられるハイタレント・マンパワー論であった．[9]

先にもみたように，戦後の独立以後1960年代前半までは，中小企業を裾野にもった重厚長大型産業が日本経済復興の牽引役であり，また人海戦術的キャッチ・アップ型工業社会化の推進中ということもあり，大量の初級・中級労働力が必要とされた．オートメ化がまだ十分でなく職人技も期待されるという当時の状況では，学校である程度の職業教育・専門教育を受けた技術者・技能者が，産業界には必要であった．しかし普通科偏重で職業教育が手薄になっていた新制学校教育からは，必要にして十分な若年労働力が期待できず，財界の矛先はまず職業教育や理科教育への充実強化要求となったのは先のとおりである．1962年の高等専門学校創設はそれら要求へのひとつの解答であったが，昭和40年時点の全高専入学生数は全大学工学部入学生数のわずか17％程度であり十分とはいえなかった．高校についていえば，昭和30年と40年の学科別生徒数を比較すると，普通科は1.9倍，工業科は2.6倍，商業科は2.3倍，農業科は1.3倍とそれぞれ増加しており，財界からの多年にわたる職業科増設要求は形式的にはある程度実現していた．

こうした中で日本の産業界は，着々とその様相を変えつつあった．まず労働力確保の面でいうと，1950年代半ば以降，日本は神武景気・岩戸景気・オリンピック景気・いざなぎ景気と打ち続く好景気によって労働力不足が生じた．列島を襲った猛烈な過疎化は一種の労働力補充のための社会移動現象であったが，とくに問題となったのは低賃金の若年労働力であった．絶対数はともかく高校・大学進学率の急激な上昇は，人材としての若年労働力不足を逆に招来した．この深刻な問題に対し，産業の側はいわゆる終身雇用制度の定着をもって臨んだ．具体的にいえば，若者を早い段階で企業に囲い込み，さらに企業内教育を施すことによって企業固有の労働力として育て，その見返りに定年までの雇用を暗黙のうちに約束する，という仕組みである．この仕組みは，当然に新

第7章 財界教育提言の変遷とその意味

卒定期一括採用慣行として機能するものであり，学校教育制度との緊密な接点を構造的にもつものであった．この採用慣行と終身雇用制度が求める人材は，財界が1950年代当初想定していた人材観を変える結果となった．というのは，この新しい採用と雇用システムのもとでは，専門的に特化した職業能力ではなく一般的な能力が重要とみなされるからである[10]．終身雇用制度に組み込まれている企業内教育では，労働者は配転に伴うさまざまな職種をこなす能力が求められる．そのためには，特殊な顕在的能力よりは潜在的な一般的能力が効率的となる．かくして1960年代に入る頃，新卒定期一括採用時の選抜基準は，中卒・高卒・大卒の各段階ですでに一般的あるいは抽象的能力の有無にシフトしていた．「学校での職業教育」に対する財界の期待は，形式的にはともかく実質的には過去のものとなりつつあった．

実は財界が「学校での職業教育」に関心を失っていく背景には，もうひとつの要因があった．それは，1950年代以降の技術革新の早さであった．独立を回復するや，わが国産業界は凄まじい勢いで技術導入や設備投資を行い，とりわけ重化学工業を中心とした技術革新は大いに進展した[11]．この結果，産業界の先端技術レベルと学校での職業技術教育レベルとは格差が拡大する一方となり，増設された職業高校や工業高等専門学校の存在理由が問われかねない事態も生じた[12]．

こうした状況の中で，財界は従来からの学校教育への関心に惜別するかのように生涯教育論に注目し始めた．1970年4月，財界人を主要メンバーとする経済審議会は，答申「新経済社会発展計画」の中で，学校教育に限定することなく生涯にわたって教育が行われるべきことを説いている[13]．もちろんそれは，経済社会発展のための「人づくり政策」の一環として行われている．財界主導の生涯教育論がこの時期現れたのは，もちろん理由のないことではない．いくつか列挙してみよう．

まず第1に，財界の学校教育に対するある種の失望感が存在していた．たとえば1960年代半ばからの大学紛争により，高等教育の現状への幻滅が加速され

た．また中等教育段階においても，いじめ・不登校・校内暴力など教育病理の萌芽がみられ，さらに受験戦争が作り出す創造性に乏しい人材への憂慮など，総じて人材輩出機関としての学校教育に懸念が生じたものと思われる．

　第2に，定着浸透してきた終身雇用制度のもとでは，次第に企業内教育が充実することとなり，継続教育としての企業内教育という位置付けが認識されてくる．財界としてそのことを理論的に追認する意味でも，生涯教育論は有用であった．

　第3に，能力主義の問題がある．もともと財界は欧米的な横断的労働市場のもとで能力主義を徹底したいと考えていたが，日本的風土のもとで実現できないでいた．しかし将来的にボーダーレス化した国家間産業競争の激化は不可避であり，終身雇用制度の破綻も早晩想定するとすれば，能力開発の自己責任という形で生涯教育に委ねたいとの思いが存在していた．このように財界の思い描く人材観は，脱工業化社会の到来を見据えて従来型学校教育制度への批判と日本的雇用慣行の処遇への戸惑いのはざまで，なおかつ能力主義の徹底を模索する中途半端な状況にあった．

　しかしそれは，新卒定期一括採用の段階でとりあえず偏差値頼みの無機質な能力判定につながり，一流大学を頂点とし中等教育にまで連なる学校序列を精緻化するという皮肉な結果となった．中央教育審議会委員や経済同友会副代表幹事をつとめた藤井丙午は，1970年当時，次のように述べている．「われわれ産業界からすれば，知識面において完成された人間を大学に期待しない．……産業界は知力よりも能力を重視して，人材を求めている．……大学教育は，つまりは知識面よりも能力面を主眼とする方向に向かわなければならないのである．」[14] やや後であるが1994年，経済同友会の提言「大衆化時代の新しい大学像を求めて」の中に，「企業はこれまで，大学における教育や研究に多くを期待するよりも，企業内での教育・訓練や研究・開発を前提に経営を行ってきた」[15] との一節がある．個別の産業や企業は，学校教育に知識賦与機能よりも選抜配分機能を主として期待してきたといえよう．

財界が学校教育に距離を置き自前の企業内教育に自信をもち始めた頃，学校教育自体は偏差値的能力一元化によるさまざまな弊害が無視できなくなっていた．1980年当時で高校進学率が94.2％となり，ほぼ上限に達していた．多くの子どもたちが否応なく学校化された序列社会に組み込まれる中で，皮肉にも多くの子どもが前向きな意欲を喪失する構造的な教育問題が表面化し始めていたのだった．いずれ労働力となるはずの若者たちのこうした姿は，財界としても十分憂慮に値する事態と映った．1981年の関西経済連合会提言「青少年に対する徳育の改善について」や1984年の経済同友会提言「創造性，多様性，国際性を求めて」などは，いずれもこうした憂慮を念頭においたものだった．しかし財界が子どもの内面的な部分に着目したという意味では，少し遡るが1966年の中央教育審議会答申・別記「期待される人間像」がもっと重要である．これは日本人としてあるべき姿を精神論的に唱えたものだが，特筆すべきは能力相応な職業観を説いている部分である．審議の過程で財界人が重要な役割を担ったともされ，財界サイドの人材観の一端を知ることができる．[16]

　財界の考える好ましい人材イメージは，これまでみてきたように各種教育提言に垣間みることができる．ただし余りに性急な内容であったために，世の反発を招いたケースもある．ハイタレント・マンパワー論や「期待される人間像」がそれである．しかしその根底にある労働者観は，基本的に多くの提言に共通して流れているともいえる．それは，能力分布の多様性を認めること，そして能力に応じた可能性（個性）の開花，そして能力を競い合うこと，これらを前提としつつ企業へ貢献する労働者像である．このこと自体の価値判断はさておくとして，財界のそうした思いが戦後日本の教育に与えた功罪は確認しておく必要がある．

3．財界の教育的功罪

　財界は学校教育を労働力の供給源とみる立場であることから，その人材観は労務管理のあり方と連動している．たとえば1969年の日経連による「能力主義

管理〈その理論と実践〉」，1995年の「新時代の『日本的経営』」，1999年の「エンプロイヤビリティの確立をめざして」などは，一貫して個人的能力主義に基づく労務管理を説いたものである．しかもそれはエンプロイヤビリティという言葉にみられるように，どの企業にも通用するような能力でなければならない．この労務管理は，具体的には雇用形態の多様化，複線型の人事制度，個性重視の能力開発という仕組みのもとでこそ有効に機能するとみられているが，現実には戦後長い間「日本的能力主義」の域を出ず，本来の能力主義は今日まで達成できないでいる．逆にいえば，財界の能力主義的労務管理にかける思いは依然として根強いといえる．

　問題は，この財界の思いがそのまま教育理念，教育制度に対しても向けられたことである．つまり教育制度の多様化・複線化・個性化が，1950年代の早い段階から財界の総意として文部省など政策当局へ求められてきた．この意味での多様化がもっとも進んだのが，後期中等教育段階であった．とくに1960年代には工業高校をはじめとした職業高校の新増設が進み，学科ベースでいえば1970年当時でも200種類を超える職業学科が乱舞するという状況であった．当初文部省は予算上の問題もありこの職業教育強化策に積極的ではなかったが，積年に及ぶ財界筋の働きかけと折りからの高校生急増対策を一挙に処理する意味で政策化に踏み切った．その後1974年には高校進学率が初めて90%を超える準義務教育状態になる中で，ほとんどの高校生が普通科・工業科・商業科・農業科・その他いくつかの学科に振り分けられることとなった．

　しかしこの姿は，もともと財界などが想定していた職業的能力や職業的関心に基づく振り分けとは随分かけ離れたものであった．第1次ベビーブーム世代の高校進学時，親や子どもの多くが望んだのは職業科へのコースではなく，あくまでも大学への道につながる普通科へのコースであった．1960年代後半に全国高校長協会長であった西村三郎は，当時を回顧して次のようにいう．「私も役員をしていた全国高校長協会として，工業高校が多すぎて困るというようなことはいえない．ただ，産業界の工業高校の増設の要請と，普通高校を希望す

第7章 財界教育提言の変遷とその意味

る一般の父兄の要望の間には明らかにズレがありましたね.」[17] さらに学校推薦が制度化された高卒就職の場合，1960年代以降，企業の採用基準は企業内教育を前提とした一般的能力を問うものにシフトしてきた．つまり，高校での普通教科成績がそれまで以上に重要となってきたわけで，まさに「『学校関係の成否』がサラリーマン生活の明暗により直接的に結び付く」[18] 事態が進行した．かくして，高校普通科から職業科に至るまで一般的能力による一元的尺度が形成され，いわゆる偏差値至上主義が深刻化することとなった．つまり，財界エリートの掲げた能力多様化構想が一般大衆の教育意識とミス・マッチを起こしたわけである．より具体的にいえば，まず国民の切実かつ旺盛な進学アスピレーションを予見できなかったことがあげられる．多くの国民は，財界主導の複線型コースを受け入れなかった．もうひとつには，本来の財界首脳部の思いにもかかわらず，結局，企業間に健全な横断的労働市場を根付かせることができなかったことがあげられる．この流れの中で，結果として明らかに職業教育軽視の風潮が生まれた．

一方，主として高等教育レベルでの教育形骸化を招いた財界の責任も無視できない．この問題は終身雇用制度が定着し，その労働力要員を新卒定期一括採用でリクルートするシステムに関係している．この日本的慣行は，完成教育としての高等教育に2つの教育的弊害をもたらしている．まず第1に，企業内教育で人材を育てる仕組みは，個々の企業に対し「青田買い」行動を誘発しやすい．大学生の就職は，すでに1950年代初めの頃から「青田買い」が社会問題化しており，いわゆる就職協定は1953年にスタートしている．この協定には当初より財界団体を含む企業側も参加していたわけであるが，決められた協定スケジュールは年々前倒しされ，また企業の協定違反行為も続出というのが実態であった．ついには1997年，「守られない協定は意味がない」として財界の意向により就職協定は廃止された．もともと1953年当時，「学生の最終学年における専門課程の学習を阻害」[19] している現実から発足した就職協定であったが，その後の約50年に及ぶ推移は企業側が学事日程を無視し続け，職業教育につなが

141

るはずの専門教育の存在意義が問われる事態をも招来した．第2に，1980年代半ば以降，多くの企業がそれまでの学校推薦方式から自由応募方式による採用に転換し始めた．さらにバブル期の人手不足により，応募要件としての「学部・学科指定」方式が「学部・学科不問」方式に漸次移行し，個々の企業にとって在学時の学習内容はもはや関心の対象ではなくなった．この変化は，先の後期中等教育問題とパラレルであり，特殊な職業的能力よりは一般的能力を評価する産業界の姿勢が高等教育段階にまで及んだことを示唆している．しかもこの問題が深刻なのは，産業界や企業のこうしたスタンスの変化にもかかわらず，大学のカリキュラムは基本的に旧態依然もしくは逆に専門分化が進むという跛行的様相をみせている点である．かかる状況下での最大の被害者は，ある意味で学生である．すなわち多くの学生は就職先の意向に敏感であると同時に，卒業しなければならない立場にもある中で，精神的とまどい状態に置かれることになる．

　以上述べてきた高等教育段階の不具合に際しても，財界の責任は大きい．たとえば学生の採用に係わる財界の立場は，就職協定協議会の主要メンバーとして個々の企業の協定遵守を指導し，同時に「経団連企業行動憲章」（2002年以降は「企業行動憲章」と改称）などで公正な企業活動を唱えている立場でありながら，実効性の乏しさが露呈されたわけである．直接的には採用する個々の企業の責任ではあるが，財界主要メンバーである大企業自身の「掟破り」の横行があったとすれば，財界の教育界や学生に与えた負の影響ははかり知れない．格調高い各種財界教育提言の華やかさと比べ，財界や産業界あるいは個々の企業の現実行動には違和感がつきまとう．

　財界が教育政策にどの程度影響力を有するかは，必ずしも定かではない．政策決定力学の上では，政権政党の自民党と文部省（現・文部科学省）が双璧であり，しかも前者が主で後者が従であるとの見方もある[20]．しかし財界が教育政策形成に無力・無関心とは，これまでの推移をたどる限り到底いえない．むしろ各種教育提言・審議会などのフォーマル・ルートや，財界有力者の個人的コ

ネクションによるインフォーマル・ルートによりながら，潜在的あるいは時に顕在的な影響力を行使してきたとみるべきであろう．高度成長期の教育多様化政策やポスト高度成長期の生涯学習シフトは，明らかに文部省というよりも財界主導の政策と思われる．

このように隠然たる影響力を放つ財界ではあるが，戦後教育に与えた負の結果に対するアカウンタビリティーの面で必ずしも明確にされていない．政策提言はその意図にもかかわらず，現実社会において逆機能を及ぼすこともある．あるいは財界首脳部の総論的思惑にもかかわらず，個別企業が各論的にまとまらない場面も多々あった．そして日々の企業活動でしばしばみられる企業倫理の退廃状態は，なによりも教育的に負のアナウンスメント効果を与えた．

21世紀を迎えた現在，日本では教育崩壊の兆しも囁かれている．その責任についてはさまざまな見方があろうが，これまで比較的等閑に付されてきた財界の「教育的役回り」について考察することの意味はあると考える．[21]

注）

1) 御園生等「問題の所在と財界の定義」平和経済計画会議編『国民の独占白書・第6号・財界』御茶の水書房，1982, p.10.
2) なお，2002年5月，経団連と日経連が統合し，日本経団連（日本経済団体連合会）が発足している．
3) やや遅れて1953年1月，第1期中央教育審議会の委員が発令された．前身の教育刷新審議会に比べ，財界出身者が大幅に増えた．それらは石川一郎（昭和電工社長，元経団連会長），原安三郎（前出），藤山愛一郎（日東製紙社長，元日本商工会議所会頭），諸井貫一（秩父セメント社長，元経済同友会代表幹事）である．次を参照．平原春好「審議会の意義と役割」海後宗臣編『教育改革・戦後日本の教育改革Ⅰ』東京大学出版会，1975, p.336.
4) 山崎政人『自民党と教育政策』岩波書店，p.45.
5) 関西経済連合会「大学制度改善について」(1960)，東京商工会議所「学校における科学技術産業教育の振興に関する意見」(1961)，日本商工会議所「高等専門学校創設に関する要望」(1961)，東京商工会議所「後期中等教育の改革に関する要望」(1965) など．
6) 『朝日新聞』1971年6月19日付（朝刊）．

7) 秋山哲『教育の森』12月号, 毎日新聞社, 1978, pp.50-53.
8) 25人の委員の中には瀬島龍三, 中山素平という財界の大物も起用され, さらに専門委員として経済同友会・教育問題委員長の石井公一郎を選任するなど, 財界への一定の配慮も為されていた.
9) 答申には, 次の記述がある.「ハイタレント・マンパワーとは, 経済に関連する各方面で主導的な役割を果たし, 経済発展をリードする人的能力のことである.」ハイタレントとして検討の対象となるのは,「狭く考えて人口の3％程度, これに準ハイタレントの層も入れて5ないし6％程度」が該当するとの記述もある(「経済審議会人的能力部会養成訓練分科会報告」第4章第4節).
10) 「1960年代以降アメリカで盛んになった教育の経済学が明らかにしたのは, 普通教育が一般的で抽象的な能力を高め, そうした一般的な能力のほうが企業の中で生産活動などを行う労働者にとっては, 特定の職業的能力（技能）を高めようとする職業教育より有用だということである. 日本の大企業の採用方法は, その理論を先取りするものであった.」(橋本寿朗『戦後の日本経済』岩波書店, 1996, p.234)
11) この動きに合わせ1955年,（財）日本生産性本部が「国民経済の生産性の向上を図る」目的で設立され, 欧米の経営管理技術の体系的導入が試みられた. 翌年, 科学技術庁も設置された. 1960年代以降, この流れは更に加速され工業部門はもとよりほとんどすべての産業部門で急速な技術革新が現実のものとなり, 1968年, GNPが世界第2位となるまでに至った.
12) 橋本寿朗, 前掲書, pp.234-235.
13) このほかに, 財界の研究団体である日本経済調査協議会が行った報告「新しい産業社会における人間形成」(1972年) も同じ趣旨である.
　奇妙なことに, 文部省が生涯教育を政策に取り上げたのは経済企画庁の経済審議会答申に遅れること1年後の1971年4月であった. 文部省の社会教育審議会答申「急激な社会構造の変化に対処する社会教育のあり方について」がそれであった.
　矢倉久泰「教育政策に振り回される学校」宮坂広作ほか編『21世紀を拓く教育・第1巻・新しい学校像の探求』明石書店, 1996, pp.99-100.
14) 藤井丙午「私の教育観・学問観―大学紛争を中心に」鳥羽欽一郎編『財界人思想全集・第7巻　財界人の教育観・学問観』ダイヤモンド社, 1970, p.413.
15) 経済同友会提言「大衆化時代の新しい大学像を求めて」1994, p.2.
16) 山崎正人　前掲書, pp.56-60.
17) 西村三郎「証言・高度成長期の日本・大衆社会の誕生5・受験戦争」『週刊エコノミスト』8月10日号, 毎日新聞社, 1982, p.8.
18) 熊沢誠『働き者たち泣き笑顔』有斐閣, 1993, p.118.
19) 『教育学術新聞』9月15日号, 日本私立大学協会, 1953.

20) Y. H. パーク, 新堀通也・青井和夫編「教育行政における自民党と文部省」『日本教育の力学』東信堂, 1983, pp.49-78.
21) この点について, 次の記述を参照.「財界のトップが, 創造性の欠如について不満を述べるのはよいが, 日本の学校が今日のようになった責任のかなりの部分は, 彼らがとるべきだろう.」(K. v. ウォルフレン, 篠原勝訳『日本／権力構造の謎』早川書房, 1995, p.208)

補　論

補論1　大学進学行動にみる日本的特質

1. 日本的な進学行動

　日本の高等教育は，昭和40年代までの急速な拡張期の後，昭和50年代のプラトー状態を経て，ここ数年，再び拡張の兆しをみせている．すなわち，昭和50年代の現役志願率45％前後での横ばい基調が，昭和60年以降ほぼ毎年約1％の割で上昇し，平成14年春の場合，過去最高の56.1％に達した．これは根強い私的需要としての異常なまでの進学意欲が，依然として衰えないことを示している．

　しかし，そうした数字の上での動きとは別に，日本の大学の中身に対する内外の批判は高まる一方である[1]．レジャー・ランドといわれはじめて久しいと思われるが，一部の大学・短大の中には，逆にその「レジャー・ランドぶり」をセールス・ポイントにするほどである[2]．さらに不思議なのは，この種のセールス作戦が軒並み功を奏し，多くの学生を呼び込むことに成功している．建前からすれば，受験生は大学教育の実質的中身（教育・研究条件）の評価を通して進学先を選択するはずである．ところが多くの日本の受験生の目は，概して別な方向に向けられている．たとえば入試科目の変更，大学名称の改変，大学立地条件の変化といった周辺的要因が，きわめて有意に偏差値ランキング（＝人気）の変動に結び付き，また，その結果が受験生の行動を左右する．

　このような風潮が果たして好ましいものか否か，これは相当に考慮すべき，というより憂慮すべき問題なのではなかろうか．ただ，ここではこの問題を直接取り上げるのではない．目的は，一種のファッション現象と化したこの日本的進学行動の解明である．従来，進学行動説明の論拠のひとつとして人的投資論がよく知られているが，この日本的進学行動様式に対するその説明力は，やや経験的リアリティーの裏付けを欠いていると思われる．とはいえ，根強い進

学需要という現実が全く無意味に行われているとは，到底考え難いのも事実である．では日本的進学行動はどのように説明されるべきなのか．その可能性を，ここではソシオ・エコノミックスを手がかりに探ってみたい．

2．ソシオ・エコノミックス

(1) その由来

「ソシオ・エコノミックス」という名称は，いわゆる西欧の一経済学流派の翻訳ではない．その出自はまさしく日本であり，直接の源は西部邁の著『ソシオ・エコノミックス』(1975) にある[3]．

ソシオ・エコノミックスの誕生は，何よりも新古典派経済学からの脱却という表現で集約されるように，それまでの抽象的な純粋経済学の窮屈さから経済学を解放しようとするものであった．ただ，政治学に傾斜したラディカル・エコノミックスや人類学にも近い経済人類学などとは主流派経済学への異議申し立てで共通するものがあるものの，やはりそれらとは一線を画している．現在，ソシオ・エコノミックスの学徒と目される一群の人びとがいるが，ソシオ・エコノミックスという固有名称に引きづられるのではなく，その特異なスタンスに即しつつも幅のある作業を行っているとみるのが，実態であろう[4]．

(2) 新古典派経済学への批判

ソシオ・エコノミックスが批判のターゲットとした新古典派経済学とはなにか．ここでは必要最小限の記述に留めておこう．アダム・スミスに発する経済学を古典派とすれば，1870年代の限界革命によって構築された近代経済学を新古典派経済学という．この学派はやがて1930年代に入って，ケインズ学派に取って代わられるが，1960年代に「新古典派総合」として見直され，さらに1970年代の政治的保守化傾向が反ケインズ的流れを生み出す中で，「超新古典派」として復権を遂げるのである．この新古典派経済学を，宇沢弘文は次のように説明している．「要約すれば新古典派経済学はその理論前提として，生産手段の私有制，経済人の合理性，主観的価値基準の独立性，生産要素の可塑性，生

産期間の瞬時性,市場均衡の安定性という仮定が置かれていて,いわば純粋な意味における資本主義的市場経済制度のもとにおける経済循環のプロセスを分析しようとするものとなっている」.[5] 簡単にいえば,新古典派経済学は,合理的経済人(ホモ＝エコノミクス)と完全競争的市場の仮定に立って,その理論体系を築いてきたものといえる.しかし,この学派は経済の現実をうまく説明しない,との批判も根強い.

ここでは,西部に従ってその批判のポイントを2つあげておく.第1に新古典派経済学では,経済人は完全な情報を常に知ることができ,しかも何ものにも拘束されることなくもっとも合理的と思われる行動をとる,と仮定されている.しかし,現実の経済人で果たしてどの位の人が合理的行動に終始できるのだろうか.まずこの情報過剰な時代において,人は完璧な情報など知る由もない.逆に,常に不確かで不十分な情報による意思決定を迫られている.そして仮に必要十分な情報を手にしたとしても,常に経済的な合理性を追求できるとはいえない.実際,逆に非合理的行動が「社会の潤滑油」として大きな働きをする場面も多い.第2に新古典派経済学が前提とする市場では,基本的には個人が独立した最終的意思決定者として仮定されている.だが現実の経済行為において,個としてのホモ＝エコノミクスが常にフリー・ハンドな状態でいるものだろうか.われわれを取り巻く世界は,慣習,伝統,規範,権力などの社会的契機が何重にも張りめぐらされ,それらが個人の独自性を制肘する度合いは決して少なくない.このように新古典派経済学は,理論の精緻化と引き換えに,現実からの乖離,つまりリアリティーの喪失を招かざるを得なかった.

(3) 消費者観

ここでとくに指摘しておきたいことは,個人の消費選好がもつ状況被拘束性である.現代のような高度大衆消費社会において,個人は果たして経済合理的な消費を貫徹できるものだろうか.この問題に対しては,ヴェブレンによる衒示的消費(conspicuous consumption),[6] デューゼンベリーの誇示効果(demonstration effect),[7] さらにはガルブレイスの欲望依存効果(dependence effect)[8]

が，それぞれ独特な説明を試みている．前2者は，人間特有の見栄や嫉妬が個人の消費行動に影響することを説き，欲望依存効果は生産者によって欲望を操作された消費者を浮き彫りにした．いずれも，個人の消費活動が必ずしも自立的にそして経済合理的に行われてはいないということを強調する．

ところで高度大衆消費社会は，高度情報化社会あるいは知価社会の裏付けがあってこそ成り立つ世界でもある．消費者は豊富な情報や知識に囲まれ，そのインプットを元に現実の消費という選択を行っているのは間違いない．ただ古典的な市場観の場合と異なるのは，消費財のもつ使用価値よりもむしろ交換価値のほうが消費者選好の基準となり易い点である．現代の消費者は，この交換価値をめぐる「値ぶみ」にもっとも敏感であり，換言すれば，「他人との差異化」に熱心なのである．それは，消費財自体に対する主体的な消費者選好の形を取りながらも，実体は消費財のイメージをめぐって繰り広げられる世界といえよう．

3．進学行動の経済学

(1) 大学進学率と所得

平成14年度の高校進学率は97.0％であった．平成2年度に初めて95％台に達して以来，近年96％あるいは97％台の値に落ち着いている．一部で後期中等教育の義務教育化への要請がある中で，権利としての後期中等教育はかなり実現されてきていると思われる．すなわち，生徒にとって，また親にとって高校進学は半ば「規定コース」であり，もはや高校進学するか否かの選択が深刻な問題とは思えない．

一方，平成14年度の大学進学率は48.6％である．M.トロウの分類によればマス段階に相当するのだが，実はこの数値は，昭和32年の女子の高校進学率（48.4％）にほぼ等しい．当時の社会常識から推測すると，とりわけ女子の場合，高校教育を受けるか否かは，生涯における重大な選択であったと思われる．とすれば，今日の大学進学率48.6％も依然として選択的な意味を有し続け

ていると考えられる．つまり，後期中等教育終了後，さらに大学に進学するかあるいは別なコースを歩むかは，高校生にとってその後の人生を左右する重大な転機のひとつとなっている．

　ところで，大学進学を選択する際の大きな要因のひとつとして所得があげられる．とりわけ日本の場合，大学数全体に占める私立の割合の高さ[9]，また長期にわたる進学準備教育の実態からすれば，所得の多寡はある程度進学の様相を決めていると考えられる．まず子どもに対する親の進学期待度を見ると，図補1-1のとおり4年制大学以上に進学させたいとする親が56％と過半数を越えている．平成14年度の4年制大学進学率が40.5％であるから，大学進学への潜在的意欲は相当高いものがあるといえよう．そこで世帯所得と大学進学との関係をみると，図補1-2のようになる．これは大学生のいる世帯所得と，世帯主年齢50〜54歳の一般世帯の所得を比較し，一般世帯所得を100とした場合の大学生世帯の所得指数を表したものである．私立大学生の世帯はこの30年余り一貫して140台であるが，国立・公立大学生の世帯は私立大学生の世帯よりは低いものの徐々に増加傾向である．1998年時点では，国立・公立大学生世帯とも120台半ばに位置している．これらの結果からすると，大学進学への意欲がまだまだ旺盛な中で，現実に家計維持世帯の所得が潤沢でなければ進学は困難であることがわかる．

（2）進学行動の2側面

　今日，受益者負担の原則とはいえ，大学進学に伴う出費にはあまりにも高額な支出を余儀なくされている．とくに昭和50年代後半以降は，高騰する出費と高まる志願率が同時進行する様相を呈している．広い意味では，教育支出も当然それに対する対価を期待するものであり，そこに教育経済学が成立するとされる．

　この教育経済学は比較的新しい学問分野であり，先述した新古典派経済学の系譜に属する合理主義経済学として，1960年代以降，発達してきた．ごく基本的な枠組みとしては，教育に対する私的および公的な費用負担に対して，それ

補論1　大学進学行動にみる日本的特質

図補1-1　親の進学期待

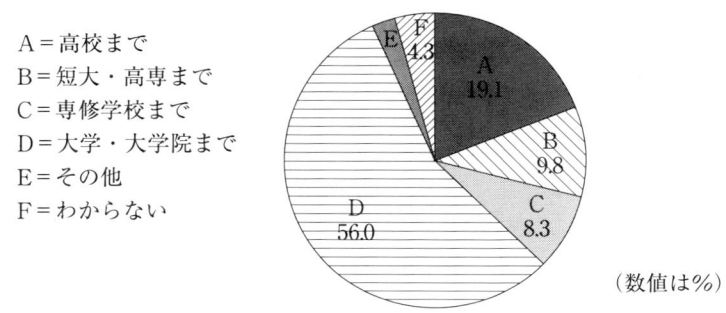

A＝高校まで
B＝短大・高専まで
C＝専修学校まで
D＝大学・大学院まで
E＝その他
F＝わからない

A 19.1
B 9.8
C 8.3
D 56.0
E
F 4.3

（数値は％）

出所）　内閣府編『国民生活白書』（平成13年版）より

図補1-2　大学生のいる世帯所得

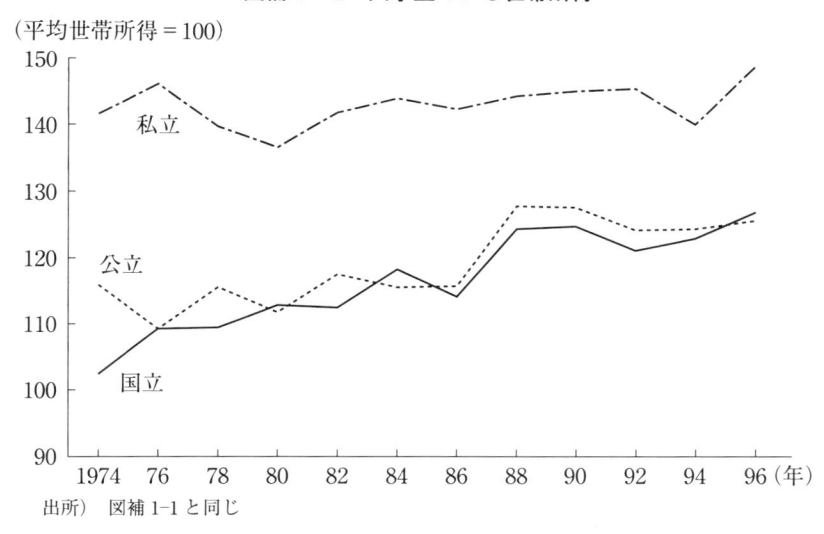

（平均世帯所得＝100）

私立
公立
国立

1974　76　78　80　82　84　86　88　90　92　94　96（年）

出所）　図補1-1と同じ

ぞれ私的および公的な便益があるものとして，その費用－便益分析を行うものである．私的便益としては，所得増加・知的満足・社会的地位の向上などがあり，さらにこれらは金銭換算可能なものとそうでないものとに分けられる．一方，公的便益としては，社会全体の知的水準の向上・労働生産性向上に伴う社会の所得増加・それによる税収効果・文化水準の向上などがあげられる．た

だ，教育経済学の主流は，私的・公的レベルにおける計測可能な cost－profit 分析にあり，一般には G. ベッカー等によって展開された「人的資本論」として有名である[10]．

ところでこれらの枠組は，私的にせよ公的にせよ教育を投資の一種とみるものである．しかし教育をひとつのサービス形態としてとらえるとき，そこに教育の消費が行われているとみなすことも可能である．たとえばカルチャー・センターでの教育活動の中には，将来の生産労働にほとんど直結しない性格のものも多い．そして大学進学行動自体にもこうした消費的意味合いを見い出すことが可能である．ここでは，まず個々の進学行動を問題にするという視点から私的便益に限定し，そして進学の意味付けとして投資的意味と消費的意味とに区分し考察してみたい．

a) 投資的意味

この意味における教育経済学は，先にも述べたように人的資本論として知られる．この理論は，個人が教育を受けるのは生涯の所得を最大にするためである，との仮定に基づいている．なぜなら，教育を受けることがその人の労働生産性を高め，所得の向上につながると考えるからである．その場合，教育を受けるための費用（授業料など）および就学中に得られなくなる放棄所得が教育投資コストとみなされる．大学に進学することが生む投資効果は，大卒者と高卒者の生涯賃金格差（収益）と大学進学に伴う教育投資コストより割り出される収益率によって表し，一般にこの収益率が市場利子率より高ければ，大学教育への投資は引き合うものとみなされる．

この収益率の算出結果をみてみよう．図補1-3の収益率は高度成長期の場合の梅谷俊一郎の推計値であるが，年とともに明白な低下傾向が読み取れる．いくつかの試算例においてもこの傾向が確認されているといわれ[11]，収益率に関する限り大学進学のメリットは年々少なくなっていると考えられる．ところが図で示すとおり，その一方で，進学率は同じ期間，対照的な動きを示している．この矛盾の解釈はさまざまな論議を呼ぶ．理論的には，進学メリットが減

少すれば進学率も当然低下するはずである．これに対する人的資本論の解釈によれば，限界収益率の考えにしたがって，教育投資量が増加すれば収益は逓減する，すなわち年々の収益率は低下するとし，その際，収益率が低下しても全般的所得向上の中で家計負担の許す限りの進学意欲向上は有り得るとみなされる．[12] 確かに，進学率向上が平均的大卒者の所得メリットを低下させることは経験的にもうなづける．しかし，だからといって収益率の低下が進学率の高まりを説明するのだろうか．人的資本論の基本命題からすれば，生涯所得を最大化するべく進学行動は行われねばならないはずである．このように考えると，人的資本論の考え方によって今日の旺盛な進学需要を説明することには問題がある．以下，いくつか問題点を列挙してみよう．

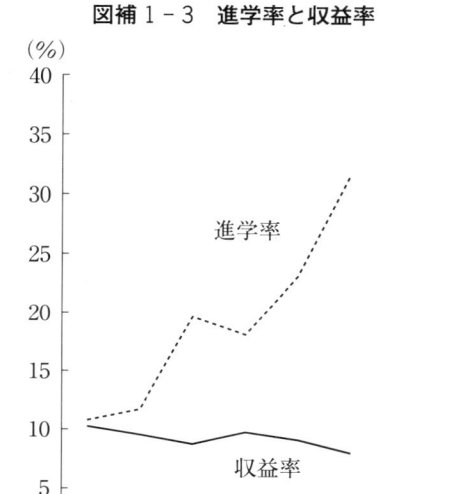

図補 1-3 進学率と収益率

資料） 1. 梅谷俊一郎「高等教育の投資効果」『IDE』No.217, 1981年 2 月号
2. 『文部統計要覧』（平成 2 年版）

第 1 に，新古典派経済学に連なる人的資本論によれば，投資主体は進学意思決定に際してあらゆる情報を入手していなければならない．しかし現実はどうであろうか．一般の進学希望者は，投資対象である大学教育の中身についてほとんど知ることもなく，というより知ろうともせず進学行動を起こす．欲しいのは当面の進学先の偏差値情報等であるが，これは投資対象の周辺情報でしかない．つまり投資主体は不確かな乏しい情報のもとに，進学意思決定を行っているのが実情である．

第 2 に，現実問題として，進学希望者が果たして人的資本論でいう収益率の計算を行った上で，進学行動を選択しているのだろうか．この収益率計算を詳

細に行うには，本人や家族の事情，進学予定の複数大学の実態比較，さらに最近の雇用状況も含めて生涯にわたる収支予測を行わねばならない．

　第3に，人的投資つまり「ヒト」に投資するということは，本来非常にリスクを伴うものである．それでも企業サイドからの人的投資は，ある程度のリスク回避は可能である．しかし進学行動のような個人レベルの投資はゼロ・サム的決断を強いられる．さらに生涯所得を念頭におくとしても，大学卒業後の労働力需給，長期にわたる景気の変動から人の運命に至るまで，余りにも不確実性が大きすぎる．このようなリスクの大きい投資は，言葉の狭い意味では投資とはいわない．

　第4に，大学進学行動における投資主体は，実はほとんどの場合，受験生自身ではない．とりわけ日本の大学生の場合，現実に投資しているのは親・保護者である．とすれば仮に進学行動を投資とみなすとき，実際の投資資金は親から出て，その収益は子が得ることになる．これは，親子をセットにしたいわば家単位の投資にみえる．しかし戦前とは違って今日，家の維持存続のために教育投資を行うという感覚は馴染みにくい．つまり，進学行動を投資と割り切るところに問題がある．

　第5に，人的資本論が収益率算定の根拠としている投資費用は，とくに日本の場合，検討を要する．なぜなら大学進学に伴う費用を授業料や放棄所得に限定するのは，非現実的だからである．幼児期からの進学準備教育（塾・家庭教師・予備校など）も実質的な進学費用に充当されねばならない．一浪も想定するとするならば，浪人期間中の費用も参入される必要がある．[13] つまりそれだけ余計費用をかけても，高卒よりは大卒であることを選択する人びとがいる事実を押さえねばならない．もしぜいたくな進学準備教育を受けた大卒と，ほとんど受けない高卒との比較で実質大卒収益率を算定すれば，負の収益率になる可能性は十分ある．[14]

　第6に，ここ数年の女子進学率にみられる急上昇は，どう解釈すべきか．女子も一様に生産労働に従事し高収益をめざすことを前提にしているのだろう

か．もちろんそういう女性も増えつつあるが，全体の趨勢ではない．女性は結婚その他を契機に職場を離れるケースが確率的に大であり，人的資本論でいう生涯所得の確かな見積りがほとんど不可能である．少なくとも今の社会情勢では，男性以上に女性は投資リスクが大きいにもかかわらず，男性以上に進学志向は高い．また女性の収益率は，配偶者によって算出可能だとする見解がある．つまり女子は学歴を付けることによって，少しでも高収益を約束する配偶者を得ようとするはずだ，という理屈である．配偶者選択を収入の大きさで理由付けるという理屈は，いかにも説得性を欠く．

　以上，人的資本論がはらむ問題点を羅列することにより，この理論がとりわけ昭和50年代後半以降の進学需要増を必ずしも説明しないことを指摘してきた．ところで，すでにわれわれは人的資本論に対するオーソドックスな批判をいくつか知っている．それらは，大きく2つに分けられる．ひとつはいわゆるスクリーニング理論によるもの，もうひとつはラディカル・エコノミックスによるものである．スクリーニング理論にはさらにさまざまなバリエーションが存在するが，基本的な考え方としては，教育と労働生産性の直接的因果関係には懐疑的であって，むしろ教育を受けたという事実が結果的に労働市場への選抜を効果的ならしめているとみる[15]．一方，S. ボールズや H. ギィンティスに代表されるラディカル・エコノミストたちは，まず労働力を人的資本とみなすことに異議を唱えた上で，人的資本が単に社会的に有用なものとしてみられるのでなく教育機関が社会の再生産に供されている視点で批判的に捉え直すよう説く[16]．ただこの補論1でのスタンスからいえば，これらのオーソドックスな批判理論をここでこれ以上詳述する必要はない．すでに述べたようにこれらの理論は，本質的に市場（マーケット）における労働力をどうとらえるかという立場から眺めているからである．つまり，必ずしもここで問題としている大学進学行動の意思の部分を十分説明していない．個々の受験生は，私的収益率いわんや全体社会のシステム効率を念頭において進学意思決定を行ってはいない．個人はもっとファジーである．

b) 消費的意味

　教育のための支出を消費としてみるのは，別段新しいことではない．実際，巷にみられる各種教育サービスは将来の生産労働に直結しているというより，そのサービス自体を享受する性格のものが多い．いやもっと正確にいえば，投資的意味合いと消費的意味合いとがミックスされてその構成比率によって多様な教育形態が存在する．たとえば投資的性格の強いものとしては企業内教育がいい例であろうし，消費的性格の強いものとしては街のテニス教室があげられよう．折しも民間教育サービス市場は2001年時点で9兆円以上の規模（（株）富士経済による調査・2002年）となり，また国民の4分の1が何らかの形でかかわっている勘定である．この現実は，余暇社会での生活様式とも相まって教育の消費的性格化を一層加速させるものでもある．ところで大学への進学に，消費的意味がどの程度込められているのか．平成14年春の高校卒業者131万4809人のうち大学・短大志願者は73万7991人で志願率は56.1％であった．昭和59年当時，文部省の高等教育・長期計画策定では志願率45％での横ばい状態が想定されていた．ではこの志願率のアップは何を意味するのか．純粋な収益率ではもはや「うまみ」がないと思われるのに，進学意欲は上昇する．さらに，男女別の大学・短大進学率をみると，平成元年から平成11年まで女子が男子より高い状態が続いていたが平成12年から逆転し，平成14年春は男子48.8％，女子48.5％となっている．

　先にも述べたように，女子の高等教育投資効率は非常に不確定であり，そのことからしても女子の進学意思が投資収益率に引きづられて決定されているとは，到底考えにくい．もちろん全般的投資収益率低下傾向の中では，男子についても事情は同じである．このようにみてくると，進学意思の決定メカニズムは別な観点から解釈する必要がある．そこで現実に多大な教育負担が行われている以上，その支出が教育サービスの消費という形で行われているとの認識に行き着く．

　たとえば大学進学に求める期待として，通俗的に次のような表現がみられ

る．知的欲求の満足，キャンパス・ライフの享受，大学ブランドの取得，就職モラトリアムなど．これらのための支出負担行為は，将来にわたっての明確な見返り期待に基づく行為というより，束の間の大学生活機会を買い取る（すなわち消費する）コンサマトリー（consummatory）な行為である．大学進学のための一連の準備教育も，基本的にはこの消費を行うためのものと考えることも可能である．[17]

ところが，ここで注意しておくことがある．すでにこの補論1の2.の(3)で触れたように，個人の消費行為では必ずしも消費者主権が貫徹されることはない点である．新古典派経済学における消費者観は，あくまで理性的であり「自立的欲望」に駆動されて消費する存在であった．しかし西部らソシオ・エコノミストはこのような消費者観を拒否し，同時に生産者に操られた消費者観をも拒否する．ではソシオ・エコノミックスにおける消費者観とは，どのようなものか．それは，商品そのものではなく商品のイメージに敏感であり，もっぱらイメージの差異を追求することで自己を確認する消費者像である．この時商品は使用価値を離れて商品イメージという交換価値に転じ，一種の記号に変質している．極論すれば，そこで展開されるのは消費が記号化された世界である．実は，この世界はまさにJ. ボードリヤールが描いた現代消費社会でもある．彼は次のようにいう．「人々はモノ自体を（その使用価値において）消費することはない．――理想的な準拠としてとらえられた自己の集団への所属を示すために，あるいはより高い地位の集団をめざして自己の集団から抜け出すために，人々は自分を他者と区別する記号として（もっとも広い意味での）モノを常に操作している．[18]」

つまり，今日の進学行動はこのような意味における消費行為と解釈することも可能である．もう少し敷衍してみよう．多くの進学志願者にとって，当面，大学教育の質そのもの（使用価値）よりも，大学の世間的評価（交換価値）が関心の的である．では，世間的評価という記号はどこから引き出されてくるのか．それはM. モースの『贈与論』を待つまでもなく，消費者を包み込む全体

社会の構造からであり，直接的には構造内に埋め込まれた共通のコードからである．いうまでもなく日本の教育界のみならず社会全体に根強く浸透しているコードとは，一元的尺度としての偏差値である．各大学は消費者（進学志願者）にとっての記号と化してしまい，そこに教育の中身から乖離したところで形式的な消費者選好（進学選択）がはびこる．そしてその際の進学行動は，通常の経済活動における消費行動と重なってくる．たとえば，(A) 他人とのマージナルな差異をみせつけるための消費，(B) 自らの社会的地位を誇示するための消費，(C) 世間の流行を後追いする消費，(D) 単に他人が共有しているという理由からだけの消費，といった一般的な消費行動にきわめて類似してくる．これらを進学行動に翻訳すれば，(A') 他人より少しでも偏差値の高い大学への進学，(B') 少しでも名声の高い大学への進学，(C') マスコミ等で話題性のある大学への進学，(D') 進学しないよりは良いと考えるだけの進学，となろうか．いずれにせよこれらの進学パターンは，コードとしての偏差値評価体制が社会に浸透していることが前提である．

　その前提への大きな契機として位置付けられるものが，昭和54年の共通一次試験導入であると考えられる．すなわちその導入が，進学判定資料としての偏差値の重みをいやが上にも高めた．もともと偏差値は統計上の指標でしかなかったが，昭和40年頃から高校進学の際のデータとして次第に教育現場に浸透し始めた．[19] ちなみに昭和40年の高校進学率は70.7%であった．そして昭和40年代を通じて高校進学率は急上昇し，昭和49年に初めて90%を越えた（90.8%）．この間，偏差値を駆使したテスト業者の過熱ぶりが一段と進行し，昭和51年には高校受験に絡む偏差値弊害が国会で問題化するまでになった．こうしたいわば偏差値神話の土壌の中で，全国一学区型の大学入試は高校入試以上に偏差値利用の体質を強める．その決定的な契機が共通一次試験制度の導入であった．

　その時からすでに20年余りを経過し，今や日本の教育界はフォーマル・インフォーマルを含めて初等教育段階から高等教育段階まで，偏差値なくしては実質的に機能しなくなっているといってよい．そうだからこそ，人びとは偏差値

を手がかりにしながら記号化された大学を「消費できる」のである．ここで「人びと」とは，受験生に限らずその親・教師・予備校や塾等の関係者，さらにはマスコミ・社会全体の意であって，要するにこの偏差値社会を支えている実体と言い換えることも可能である．

4．進学の構図

このようにみてくるとき，今日の大学進学行動は単なる投資行為ではなく，特殊日本的な色彩を施された消費行為であると思われる．しかし新古典派経済学の系譜に連なる人的資本論は，もっぱら投資行為と見立てた分析に終始してきたのであり，その限りにおいて少なくとも特殊日本的な大学進学行動を的確に捕らえていないと思われる．そこで以下では，日本的大学進学行動の構図を理念型として提示してみたい．

図補1-4がそれである．ここで示すエリート段階モデルとマス段階モデルは，それぞれM.トロウの分類に相当する段階と考えてよい．すなわち，エリート段階では同一世代のごく限られた部分が進学するのに対し，マス段階では5割に近い部分が進学を志願し，進学する．そして，時間的経過としては，当然，前者から後者への移行が経験的にも考えられる．

ところで，この図においてとくに強調しておきたいことが2つある．ひとつは，人的資本論などで想定されている投資主体についてである．いうまでもなく投資主体は進学する若者自身であり，投資の収益を回収する主体も本人であった．しかし日本的進学事情を思うに，若者が進学費用のすべてではないにしても大半を捻出するケースはごく稀であるし，現実問題として不可能に近い．実質的にその費用を負担しているのは，親（あるいは保護者）である．親はその子が進学することを前提に，多額の金銭を子に贈与している．その際，社会的な互酬性（reciprocity）の観点からいえば，親から子への贈与に対してはその反対給付がなければならない．[20] もちろん，それは必ずしも明確な金銭的報酬に限らない．わが子のために役立ったという精神的達成感，老後の世話への淡

図補1-4　日本的大学進学行動の理念型

エリート段階

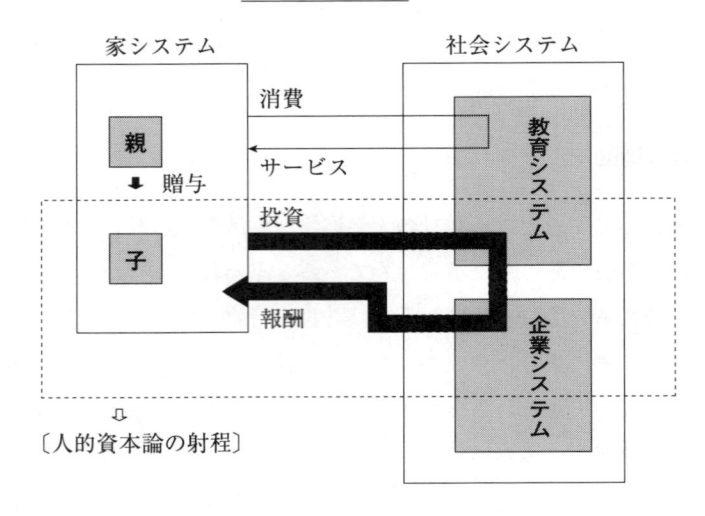

家システム　　　　　　　社会システム

親 → 贈与 → 子

消費 ← サービス ← 教育システム
投資 → 報酬 ← 企業システム

〔人的資本論の射程〕

マス段階

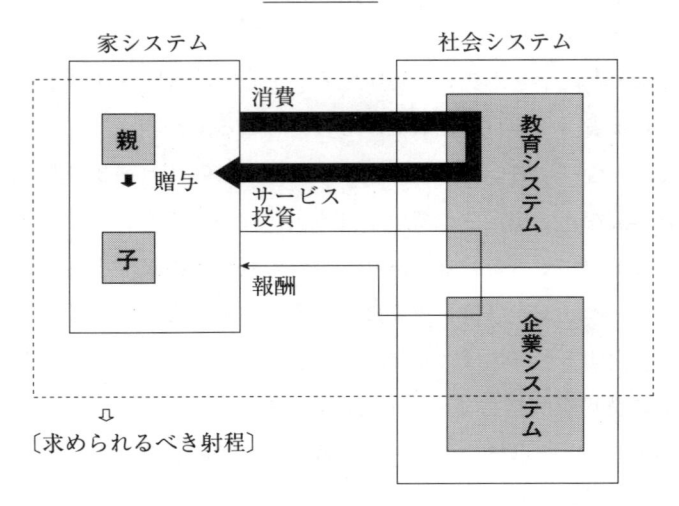

家システム　　　　　　　社会システム

親 → 贈与 → 子

消費 ← 教育システム
サービス
投資 → 報酬 ← 企業システム

〔求められるべき射程〕

い期待，子に学歴を付けたことで満足する親の見栄心，などの心理的な見返りが多いと思われる．このように，進学に伴う実際の支出行為は進学当事者個人ではなく家族が単位であり，したがって過剰支出を誘い易い点を認識する必要がある．この単位を家システムと呼ぶ．

　もうひとつの強調点は，投資先としての社会システム概念の導入である．直接的には授業料・塾経費などの進学諸費用は，当該の各学校や補習機関の総体としての教育システムに払い込まれる．もしそれがもっぱら投資としてなされるならば，その行為は教育システムに対してというより，それを包括する社会システムに対してであるといわねばならない．なぜなら，投資の収益は現実には企業システムを介してであり，何よりも教育システムと企業システムがその収益を約束するような社会システムを構築している必要があるからである．そうした社会システムへの信頼がなければ，誰もリスクのある長期的教育投資は行わないだろう．その意味で教育投資は本質的に社会システムに対して向けられており，その収益も社会システムから得ると考えるべきである．この場合，社会システム内の教育システムと企業システムは，共通のコードによって有機的に結び付けられている．

　以上，2つの点を確認した上で，エリート段階からマス段階への移行を説明してみよう．まずエリート段階では，大学進学することの希少価値からしてその収益性はかなり大であり，仮に進学準備教育の諸経費を含めても採算が取れるものと推定される．具体的には第2次世界大戦前での高等教育進学行動が典型的エリート段階に相当する．そこでは，学歴の社会史が指摘するように，ある意味で学歴と賃金体系およびその後の経歴が明確に結び付いており，社会システムが厳然と投資・報酬メカニズムを保証していた．もちろん，当時も大学進学を消費とみなす側面もなくはなかったが，進学意思の決定メカニズムに際する要因としてはマイナーであった．

　一方，今日にみられるような典型的マス段階になるとどうか．親子の贈与関係は基本的に同じままである．しかし社会システムに向けられる意味は大きく

変化している．すなわち投資的意味が減少し，かわって消費的意味が増大した．もちろん投資的な期待がまったく失せたわけではないが，それはあくまでも希望的観測に近く，幼児期からの膨大な進学準備教育費用はもはや投資収益の現実味を奪いつつある．今，教育システムに求められているのは，コンサマトリーなサービス消費から得られる喜びである．しかもそれは，記号化されたやりとりで得られる形式化した喜びである．実態から遊離したという意味において，消費＝サービス回路に参入するのは進学する子のみでなく，親も可能となってくる．具体的にいえば，子を進学ルートに乗せ，しかるべき学歴を付けさせることが親のステイタス・シンボルと化す現状がある．今，都市部で進行しつつある初等教育段階からの私立学校ブームは，その兆候のひとつといえる．そこでは，いかに投資額を少なくして収益を多く得るかという認識構造は，ほとんど欠落している．逆に差異を顕示するべく，いかに多くの消費が可能かをみせつける世界である．教育システムはそのための場となっている．

かくして，子のつくりだす「コンサマトリーな消費」と親の「思い入れ消費」が合体することにより，消費的意味合いはますます増幅される．さらに金銭的負担能力のない子に引きづられたこの消費行動は，日本的親子の癒着的で互酬的な関係も手伝って，常に過剰になりがちである．今日の日本の旺盛な進学意欲を教育過剰としてみるならば，その発現理由はこのようなメカニズムに胚胎していると考える．

なお，人的資本論の射程は，図補1-4でいえばエリート段階図の点線枠で囲んだ部分のみであり，エリート段階の残余部分はもとより，マス段階のほとんどすべて，すなわち，現代の日本の大学進学行動の全貌をおおうものでないことも，この図で分かる．

日本的進学行動様式は，西欧社会にはみられない特異な面をもつ．したがってその行動様式を解釈する際，西欧で生まれた理論を安易に翻訳することは危険である．ここではとくに人的資本論を取り上げ，進学行動の決定に対するその説明力を批判的に検討してきた．この日本的進学行動様式は，単に中等教育

段階から高等教育段階への移動としてだけ眺めるのであれば，ほとんど理解できない．この意味で，スクリーニング理論が教育システムから企業システムへの移動過程に焦点を当て，教育機関のもつ実質的機能を鋭く摘出したことは大きな意味をもつ．

ただ，このスクリーニング理論についても，それをそのまま日本社会に当てはめることは，問題であろう．というのは，大学を安上がりなフィルター装置とみなすとしても，欧米にはバランスのある潜在能力の持ち主が大学で選抜されるとの信頼関係が，もともと社会にある．そしてその選抜結果を企業サイドで合理的に生かす土壌があるが，日本にはそのような社会の共通認識が希薄である．本来，このスクリーニング理論は新古典派経済学の系統に入るものであり，その限りで合理性追求の学問規範を免れるものではない．ということは，欧米でのこのフィルター装置の役割が企業との関係においてそれなりに合理的であるのに対し，日本のそれは必ずしもそうではない．その不合理な部分は，終身雇用制度内での企業内教育という装置で長期にわたり再調整を余儀なくされる．

注)
1) 次のような批判は，枚挙にいとまがない．
 「大学レベルでの4年間を，お粗末な授業でろくに勉強もせず空費していることは，これほど効率性の追求に夢中になっている国にしては，信じがたい時間の浪費のように思われる．」(E. O. ライシャワー「アメリカからの序文」B. C. デューク，國弘正雄・平野勇夫訳『ジャパニーズ・スクール』講談社，1987，p.5)
2) 「大学はレジャーランドどころか 大学にレジャーランド」『朝日新聞』1990年9月16日付（朝刊）．
3) 西部邁『ソシオ・エコノミックス』中央公論社，1980．
4) 代表的な成果としては，次のもの．
 村上泰亮・西部邁編『経済体制論II・社会学的基礎』東洋経済新報社，1978．
 吉沢英成『貨幣と象徴』日本経済新聞社，1981．
 西部邁『経済倫理学序説』中央公論社，1983．

佐伯啓思『隠された思考』筑摩書房，1985．
間宮陽介『モラル・サイエンスとしての経済学』ミネルヴァ書房，1986．
宮本光晴『人と組織の社会経済学』東洋経済新報社，1987．
5) 宇沢弘文『経済学の考え方』岩波書店，1989，p.84．
6) T. ヴェブレン，小原敬士訳『有閑階級の理論』岩波書店，1961．
7) J. S. デューゼンベリー，大熊一郎訳『所得，貯蓄，消費者行動の理論』巖松堂，1955．
8) J. K. ガルブレイス，鈴木哲太郎訳『ゆたかな社会』岩波書店，1960．
9) 学校数でみた場合，私立大学の占有率は，74.6％（平成14年度）
10) G. S. ベッカー，佐野陽子訳『人的資本』東洋経済新報社，1984．
11) 市川昭午・菊池城司・矢野眞和『教育の経済学』第一法規出版，1985，p.45．
12) 同上書，pp.46-48．
13) G. S. ベッカーらが進学準備教育費用をコストとして算定していないのは，その種の費用が欧米社会で常態化していないからであろう。日本社会では，無視するには余りにも巨額であり過ぎるコストだが，どういうわけかそれを加味した収益率算定の例がない。
14) L. C. サローによると，アメリカの成人白人男子の例でみた場合，個々の大卒者の純収益率が負となる確率が58％とはじいている。(L. C. サロー，小池和男・脇坂明訳『不平等を生み出すもの』同文舘，1984，pp. 88-89.) 収益率比較ではなく，生涯賃金差益比較を行った試算例によると，ケースによっては高卒が大卒を上回る（『月刊ウィークス』1989年7月号，日本放送出版協会，pp. 32-34による）。
15) R. P. ドーアは，日常経験に照らして人的資本論の硬直したレトリック性を指摘し，基本的に「ふるいわけ説」（ここではスクリーニング理論に含める）を支持する（R. P. ドーア，松居弘道訳『学歴社会 新しい文明病』岩波書店，1990，p. 374)．
16) Bowles S. and H.Gintis, "The Problem with Human Capital Theory," *American Economic Review,* 1972, No.2, pp.74-82.
17) すでに19世紀のアメリカにおいて，学生にとっての大学のもつ魅力は教育の内容ではなく，大学に通うことがもたらす社会的経験にあった（R. コリンズ，新堀通也監訳，大野雅敏・波平勇夫訳『資格社会』有信堂高文社，1984，p.160)．
18) J. ボードリヤール，今村仁司・塚原史訳『消費社会の神話と構造』紀伊國屋書店，1989，p.68．
19) 矢倉久泰『偏差値』教育社，1986，p.57以下．
20) P. M. ブラウ，間場寿一・居安正・塩原勉訳『交換と権力』新曜社，1985，p. 303．

補論2　大学生の専攻と就職先

1．学生の変質と就職行動

　戦後日本の高等教育は，長い間，量的拡大を基調とする路線を歩んできたといって過言ではない．確かに昭和30年から平成14年の48年間に大学・短大の学校数で2.4倍，学生総数で5.0倍，進学率（浪人を含む）で4.8倍に膨張し，着実に高等教育の大衆化が実現したかのようである．しかしその反面，量の拡大は質の低下を伴ったことも否定できない．正確には，質の多様化と呼ぶほうが適切かもしれない．旧制中学の校数よりも今日の大学数が多いことからすれば，戦前の大学生と昨今の大学生とは似て非なる存在たらざるを得ない．

　しかしこうした大学生の質的多様化あるいは質的分化現象が著しく進展してきたにもかかわらず，高等教育の制度的枠組は驚くほど変化しなかった．その背景には6・3・3・4制を基本的に維持するという大命題があったものと思われる．実際，大学設置基準が平成3年に大改訂されるまで，高等教育制度の運用的枠組はほとんど変わることがなかった．またそれと相まって大学それ自体も，旧来の大学イメージに引きづられながら存続してきたといわざるを得ない．その結果，学生と大学との意識ギャップは深まるばかりである．「大学生の私語」現象も，こうしたギャップを反映している．そこには理想としての「学べる学生像」が一方にあり，他方で，キャンパス・ライフをエンジョイする「遊び感覚の学生像」がある．

　ところでこのギャップが具体的にどういうメカニズムで進行しているかについては，ほとんど分析されていない．多くの学生にとって進学は就職のための必要条件である．めざす就職先が応募要件として大卒等の学歴条件を求めるからである．この単純な事実は，50年前と今とでほとんど変わっていない．しかもそれは学生の行動のホンネの部分を形づくっている．一般的に学生は制度の

常として変わらぬ大学インフラの中におかれつつ，社会経済の激しい変化にさらされつつ就職行動に収斂してゆくのだが，その彼（彼女）らは見事にタテマエとホンネを使い分けるのである．先に述べたギャップはそのひとつの現象に他ならない．ここでは学生の就職行動にみられるホンネが，タテマエとしての制度といかに乖離しているかを探ってみよう．

2．大卒就職行動の変遷

　大学生の就職行動は，どう行われるのか．高校生の場合は，公共職業安定所を経由し在籍高校を通して就職活動が行われる．これに対し大学生の場合は，そのような制約はない．原則として自由である．しかし，就職活動のパターンが時代とともに大きく変化してきたのも事実である．この点を2つの軸でみてみよう．ひとつは，「学校推薦方式」対「自由応募方式」，もうひとつは「指定校（指定学部）方式」対「指定校（指定学部）不問方式」，である．あくまでも慣行に属することなので明確なデータはないが，若干のデータや文献等から推測すれば，概ね昭和40年頃までは，学校推薦方式が常識であり，同時に指定校・指定学部方式が当り前であった．少なくとも一部上場企業レベルについては，そうであったといえる．つまり企業からの推薦依頼がない大学・学部の学生は，そもそも応募資格がないわけである．そしてこの方式は，いわゆる売手市場に立つ一流大学であればあるほど徹底して行われていた．ちなみに昭和36年に各一流企業が提示した応募要件は，ほとんどすべて学校推薦方式に基づくものであり，しかも推薦依頼校は大体20～30大学が具体名で列挙されている[1]．そして学部も指定され，文系であれば法・経済・商の各学部に限定されていたと思われる．

　ところがこのきわめて閉鎖的な採用スタイルも，ある時期以降，徐々に崩れてゆく．その契機となった社会的背景として，次の4つを挙げておこう．第1に，戦後最長といわれる「いざなぎ景気（昭和40年10月～45年7月）」の訪れによって大卒採用枠が拡大し，従来の指定校数では十分人材の確保ができなくな

った．このため指定校の枠を拡大する，あるいは指定校枠を撤廃し学部・学科指定のみにする，などの変化がまず生じてくる．第2に，確かに指定校制度が撤廃の方向にあり応募機会は増えたにしても，昭和40年代前半期までは手続き上はやはり学校推薦方式が主流を占め，形式的とはいえ学校の就職担当を経由した上での応募が多かった．この学校推薦方式もその後衰退するのだが，その直接の原因は昭和40年代半ばの大学紛争にあるといわれる．荒廃した学園はルーチン化した就職事務を必然的に機能マヒさせ，学生個人による企業への直接自由応募方式を代替的に招来させることとなった．第3に，産業構造のソフト化・多様化の動きは，従来の一企業一業種スタイルを一企業多業種スタイルに転換させた．つまり文系・理系を問わず一企業内に多彩な人材を受容する産業基盤が，とくに昭和50年代以降，備わってきた．第4に，大学の新設・改組に伴って学部の種類も多様化しまた学際化する中で，旧来の狭い学部指定方式が余り意味をもたなくなってきた．

　この結果，昭和61年12月からの平成景気（通称バブル景気）以降は，ほとんどすべての企業で自由応募方式がとられ，また指定校無しおよび学部・学科不問方式が加速度的に広まった[2]．ちなみに平成5年度文系・就職人気第1位だった東京海上火災保険の採用指定条件の推移を眺めてみよう．昭和36年当時，同社が採用対象としたのは指定22校に在籍する学生であり，しかも学校推薦を受けた者および縁故者に限定されている[3]．しかし昭和57年度実績では全国43大学から採用し，採用学部の種類は法，経済，経営，商，社会，教養，文，理，工，水産となっている．おそらくこの頃すでに学部・学科指定は実質的になくなったものと推察される．そして昭和57～61年の通算採用実績校は65校に達し，昭和62年度は全学部・全学科を採用対象としていた[4]．それ以来，今日に至っている．

　東京海上火災保険の例は，けっして特異なケースではない．現在ほとんどすべての企業が同じような方式を採用している．さらに特徴的なのは，近年，大学生の就職活動における学校のエージェント的機能が実質的に低下しつつある

点である．つまり学生にとって表向きの就職スケジュールに忠実であることは，水面化で内定が乱発される就職レースを著しく不利にさせるからである．学生は豊富な就職情報誌や個人的コネクションを活用し，直接企業と接触するのである．さらに，筆記試験よりも面接を重視する企業側スタンスが年々強くなっている．とくに1986年の旧・男女雇用機会均等法施行以降は，その傾向が顕著である．この背景には筆記試験の結果が総じて女子学生に有利であり，企業側の意図と必ずしも合致しない，という事情があると思われる．

　このようにみるとき，どんなことがいえるだろうか．まず推察できることは，昭和40年代頃までの高校生にとって，少なくとも最終的に一流企業への就職を希望する場合，進学先の大学自体はもとより進学学部（時には学科も）の種類が数年後の就職先をほぼ方向づけていた点である．マスコミ・出版等を除けば，非製造業系一流企業への門戸が開かれていたのは，法，経済，商の各学部ないしそれらに類する学部出身者であり，文，教育学部出身者にではなかった[5]．一般企業就職を早くから念頭におく受験生は当然に法，経済，商学部を選んだであろうし，進路未定者もその多くはつぶしのきくそれらの学部をとりあえずは選んだであろう．この意味で文，教育学部志望者は比較的進学動機が特化された集団であったといえよう．

　ところが，先にみたように昭和50年代を過渡期として昭和60年代に入ると，出身学部と就職先との関連が次第に薄れてくる．もっとも，各学部の性格によってもその関連度は異なるし文系・理系の相違もある．総じていえば，今でも学部の特性は本質的には生き続けている．にもかかわらず，出身学部や専攻分野を離れた職業選択が，今や無視できなくなっている．その理由として，次の4つを挙げておこう．第1に，高等教育の大衆化に伴い，多くの学生にとって進学に対する意識が必ずしも高いとはいえなくなった．したがって入学時の専攻分野へのアイデンティティは弱く，これが数年後の就職先との乖離を生む素地となる．第2に，高校（予備校）での進路選択がきわめて表相的次元で行われ，たとえば理数系教科の得点能力で機械的に文系・理系学部が決められる傾

向を指摘できる．得点能力と専攻分野ましてや職業内容との相関は，その性格からして本来，無いはずのものである．[6] 第3に，共通1次試験導入以降のさらなる大学偏差値序列化により，「入りたい大学（学部）よりも入れる大学（学部）」現象が高まった．このケースは，第2の理由の場合よりはさらに無節操であり，学部選択よりは当該大学への入学を優先する行動を示す．第4に，企業側の学部・学科不問採用姿勢がある．今日，多くの高校生や大学生は，学部の違いに関係なく一流企業への扉が（少なくとも形式上は）開かれていることを良く承知している．一方で偏差値序列が精度を増しているなか，多くの大学生が不本意入学者であるともいわれる．不本意であるせいか，学習意欲も低い．しかし採用企業が在学中の学習成果に概して無関心であることも，学生は敏感に感じとっている．こうした企業側の採用態度は，学生の専攻分野へのこだわりを希薄化させる．

3．職業別にみた就職の実態

まず，大卒就職者全体の動きをみてみよう．各年の大卒就職者数は昭和33年に8万9806人であったが，平成14年には31万1471人と3.4倍である．一方，短大卒就職者数は昭和33年に1万6648人に対し，平成14年には7万8779人と4.7倍の伸び率である．これを全卒業者中の就職率でみると，大卒は昭和33年に77.1％，平成14年に56.9％であり，短大卒は昭和33年に51.3％，平成14年に60.3％となっている．ただ大卒・短大卒とも，高度経済成長期の過去最高値を除けば最近のピークは平成3年につけており（大学81.3％，短大87.0％），それ以降はバブル崩壊後の採用抑制の影響もあり低下の一途をたどっている．とくに大卒でみれば，平成12年以降の3年間は，いずれも就職率50％台という厳しい状況である．

以下，学生の専攻分野と就職との関係を，具体的データに即して眺めてみよう．使用した主なデータは『学校基本調査報告書（文部省）』各年度版記載の「卒業後の状況調査」のうち，大卒・短大卒者の職業別就職関連データである．

調査対象年度は，昭和33年から3年ごとに平成3年までである．先にも触れたように，平成3年はバブル時の就職率ピークをつけた年でもある．この報告書の職業分類は年次とともに微妙に改訂されているが，ここでの集計では次のような大分類を設定した．それらは，1専門職（さらに3つに分かれ，①技術職，②教員，③他の専門職），2事務職，3販売職，4その他の職，である．また専攻分野の区分けも，先の報告書の分類にしたがって，大学については人文，社会，理，工，農，保健，家政，教育，芸術に分け，短大については人文，社会，工，農，家政，教育，芸術，保健に分けた．

図補2-1は大卒就職者が，どの職業分類に吸収されたかを構成比でみたものである．この30年余りの間に一貫してトップを占めているのは事務職である．しかし比率は大体30％から40％までのボックス圏にあり，ここでは示していないが短大の事務職比が30％から60％へ倍増したのとは対照的である．昭和51年の突出はオイル・ショック後の不況が作用したものと思われ，販売職と補

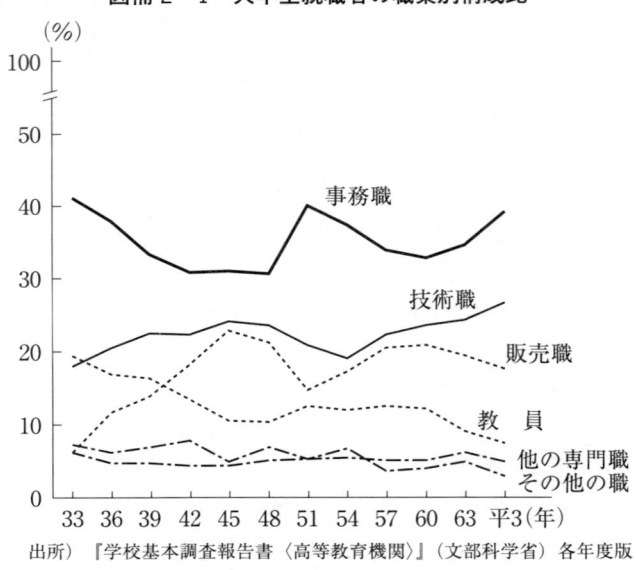

図補2-1 大卒全就職者の職業別構成比

出所）『学校基本調査報告書〈高等教育機関〉』（文部科学省）各年度版

完的カーブを描いている．このほかには技術職が比較的コンスタントながらやや増加傾向にある点と，教員が下降基調にある点とが目立つ．とはいうものの，大卒に限ればこの30年余りで全体的には大きな変動はないといってよいであろう．

では，個々の分野ごとにみるとどうであろうか．表補2-1は，各分野ごと

表補2-1　分野ごとの職業別就職者構成比率　　（累計で80％まで），（　）内は％

	分野	昭和33年	平成3年
大学	人文	①事務（46）②教員（24）③他の専門（13）	①事務（53）②販売（18）③教員（11）
	社会	①事務（76）②販売（11）	①事務（58）②販売（29）
	理	①技術（39）②教員（34）③他の専門（9）	①技術（63）②事務（13）③教員（11）
	工	①技術（88）	①技術（90）
	農	①技術（45）②その他（23）③事務（13）	①技術（49）②事務（20）③販売（13）
	保健	①他の専門（73）②技術（16）	①他の専門（73）②技術（13）
	家政	①教員（44）②他の専門（23）③事務（23）	①事務（40）②技術（20）③教員（16）④販売（10）
	教育	①教員（96）	①教員（58）②事務（25）
	芸術	①他の専門（55）②教員（21）③その他（11）	①他の専門（47）②教員（16）③事務（16）
短大	人文	①事務（57）②教員（14）③その他（13）	①事務（82）
	社会	①事務（56）②その他（23）	①事務（72）②販売（9）
	工	①技術（72）②その他（11）	①技術（48）②その他（26）③事務（15）
	農	①その他（45）②技術（24）③事務（21）	①技術（35）②事務（28）③その他（22）
	家政	①事務（37）②他の専門（25）③教員（21）	①事務（67）②他の専門（13）③販売（10）
	教育	①教員（71）②事務（10）	①教員（31）②事務（30）③他の専門（28）
	芸術	①教員（60）②事務（18）③その他（9）	①他の専門（35）②事務（34）③教員（9）④販売（8）
	保健	①他の専門（93）	①他の専門（86）

出所）　図補2-1と同じ

にどのような職業についたかの構成比率を昭和33年と平成3年とで比較したものである．各分野とも職業分類別で多い順に（累計で80％を越えるまで）示した．当然ではあるが，分野によって内訳がかなり異なる．両年度とも一貫して性格が明確なのは，大学の工，保健分野および短大の保健分野である．工学分野の出身者は各種の専門技術者になるルートが，また保健分野の出身者については大卒の場合，医師・歯科医師・薬剤師等の専門職（ここでは「他の専門職」に含まれる）と若干の技術職で占められ，一方，短大の場合には，看護師・歯科衛生士等の保健医療技術者が圧倒的である．

　しかしそれ以外の分野では，この30年余りの間に就職先業種が微妙に変化している．中でも特筆すべきは，事務職の増加と教員の減少である．第1の事務職については，大卒の理・農・家政・教育・芸術分野で比率が増加し，短大は保健を除くすべての分野で増加している．中でも大卒の教育分野では昭和33年のわずか2.3％が平成3年には25.8％に達し，また大卒の家政分野では23.1％から40.7％と増え，比率トップを占めている．これを年代を追ってもう少し詳しくみたのが，図補2-2，図補2-3である．すなわち，大卒教育分野では，昭和50年代後半から事務職への進出が急上昇である．一方，大卒家政分野では，すでに昭和40年代後半に事務職がトップとなっており，昭和50年代前半の微減の後，再び上昇カーブを描いている．逆にもっとも就職者数の多い大卒社会分野では事務職比率を低下させ，その分だけ販売職が増えている．このことは何を意味するか．先にもみたように，大卒全体の事務職比はある一定の範囲内でコンスタントであった．ちなみに昭和33年と平成3年とを比較すれば，41.6％対39.1％とほぼ同じなのである．にもかかわらず，表補2-1に示すように各分野別での事務職比は多彩な変貌ぶりをみせ，計算上は社会分野の事務職比率低下分を他のいくつかの分野の事務職比率増加分で補完する関係となっている．言い換えれば事務職への就職が，いろいろな専攻分野出身者から行われていることを示す．

　第2の教員について，みてみよう．大卒就職者のうちで教員就職比率は，同

補論 2　大学生の専攻と就職先

図補 2-2　大卒（教育分野）就職者の職業別構成比

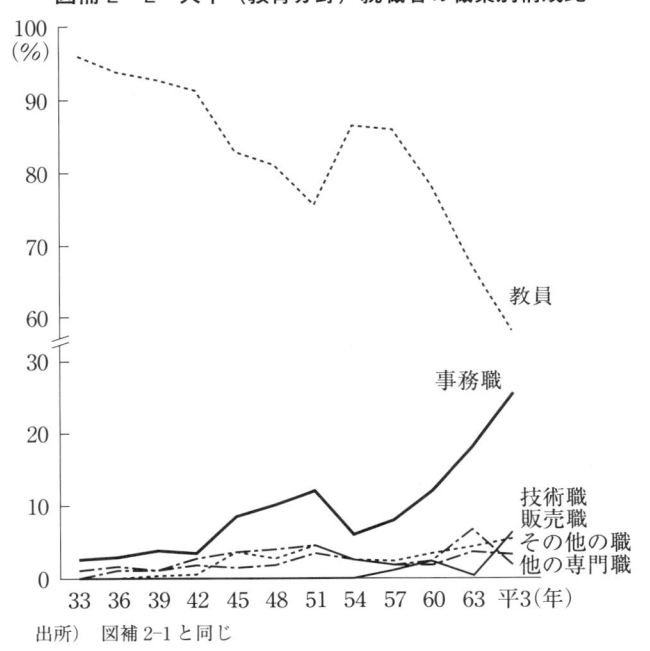

出所）図補 2-1 と同じ

図補 2-3　大卒（家政分野）就職者の職業別構成比

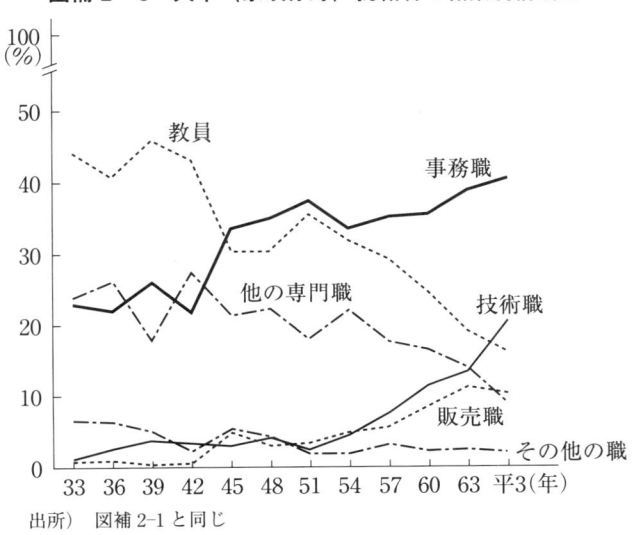

出所）図補 2-1 と同じ

175

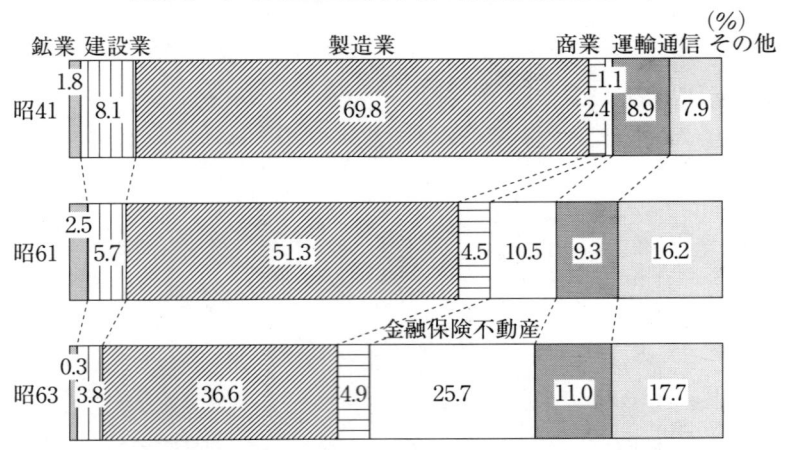

図補2-4　首都圏国立大学理工系就職者産業別比率

年	鉱業	建設業	製造業	金融保険不動産	商業	運輸通信	その他 (%)
昭41	1.8	8.1	69.8	—	1.1 / 2.4	8.9	7.9
昭61	2.5	5.7	51.3	4.5	10.5	9.3	16.2
昭63	0.3	3.8	36.6	4.9	25.7	11.0	17.7

出所）　森清圀生「製造業離れへの対応」『IDE現代の高等教育』No.308, 1989, p.20.

じ期間中19.6％から8.0％に，短大卒では18.9％から6.7％と激減している．大卒と短大卒とで比較すれば，初等教員養成を主として担う短大卒に著しい減少がみられる[7]．たとえば人文分野では14.9％から0.8％へ，家政分野では21.2％から1.3％へ，教育分野では71.8％から31.9％へ，芸術分野では60.8％から9.7％へ，それぞれ大幅に落ち込んでいる．短大の場合，教育分野と芸術分野を除いてはもはや教員養成機能の役割を失ったといって過言ではない．その点，大学の場合は，全体的凋落とはいえ各分野で比率10％以上を維持している分野も多く，教員養成が機能し続けているといえよう．ただし大卒の教育分野のみに限定すると，本来の教員養成機能の形骸化は否定できない．先の図補2-2はそれを如実に示す．それによると昭和40年代半ばまでは，教育系学部はもっぱら教員養成を目的とし，またそれだけの実績を上げていた．しかし50年代の上昇カーブはあるものの，教員就職者の長期低落傾向に歯止めはかからず，とくに60年代に入ってからの落ち込みは急である．そして先に指摘したようにこれと反比例するかのように，事務職への進出が激増している[8]．おそらくこの流れからすれば，数年のちには両者が拮抗することもありえよう．

表補2-2　大学別にみた就職への主体的関与度類型

大学ランク	専攻と職業との異同	就職先選択への裁量	人気110社への就職率
一流大学	同系統	かなりある	40％以上　5大学
	異系統	かなりある	（5大学平均値は47.5％）
二流大学	同系統	ある程度ある	10％～40％未満　86大学
	異系統	余りない	
その他大学	同系統	余りない	10％未満　196大学
	異系統	ほとんどない	

※　数値は『就職・あんぷろわ』誌（東洋経済新報社，1992，第5集，pp.22-39）による291大学（国・公・私）就職者への調査結果（不明4校）による．

　教育分野も家政分野も，元来，固有の専門職養成の色彩が濃い分野である．にもかかわらず教員や栄養士（栄養士は「他の専門職」に含まれる）になる比率が減り，直接的関連の薄い職種が選択される傾向にある．たとえば家政分野の場合，増加しているのは事務職・販売職以外に技術職が目立つことに注目しよう．平成3年のデータでみると，家政分野出身の全技術職1619人の内訳でもっとも多いのは情報処理技術者634人で，これは農林水産業・食品技術職371人，土木建築技術職309人，鉱工業技術職101人，その他の技術職204人を大きく上回っている．さらにいえば，この情報処理技術者の急膨張は近年の特徴であり，家政分野に限らない．昭和63年と平成3年で比較すると，大卒全就職者数は16.7％の増加であるのに対し，情報処理技術者だけでみると50.1％の増加ぶりである．分野別の情報処理技術者の増加率をみると，家政が144.7％増，教育が131.3％増，人文が120.3％増，社会が90.6％増などとなり，文系分野を中心に激増していることが分かる．このことは何を意味するか．確かに情報処理技術者の絶対数は小さい（事務職者数のわずか18.1％，平成3年）．しかし事務職が多くの分野で増加しているのと同様，情報処理技術者も特定分野に限定されることなく輩出されている．すなわち，これも専攻分野を問わない就職パターンを象徴した動きといえる．

専攻分野を離れた就職という点で，バブル期もっとも際立った動きは理工系学生の非製造業志向であろう．図補2-4は，それを示す．これは首都圏の国立大学理工系卒業者がどのような産業に就職したかをみたものである．彼（彼女）らの製造業離れと金融保険不動産関連への進出が，一目瞭然である．ただしこの数字は職業別ではなく産業別であり，この動きがそのまま技術職の減少や事務職の増加を示唆するとはいい切れない．しかし多少割り引くとしても，彼らの相当な部分が専攻外の分野に職を求め始めていることは推察できる．ではこれが理工系大卒者全体の動きかといえば，それはやや言い過ぎであろう．たとえば先の表補2-1をみると，大卒の理と工では平成3年にむしろ技術職は比率アップとなっている．つまり図補2-4の傾向は，いわゆる有名一流大学に特有な現象であり，多くの他の大学出身者には余り妥当しないと思われる．すなわち一流大学の出身者は，就職市場で基本的に引く手あまたであり，専攻分野から離れた就職を「選択することもできる」のである．しかしそれ以外の大学出身者の場合は，その意志があっても実現はかなり難しい．

　この問題は，重要な意味をもっている．これまでの記述では，大卒者（短大卒者）の就職市場価値を全く考慮しなかった．しかしもともと彼（彼女）ら一人ひとりが，同等な市場価値を携えて就職市場に参入してくるわけではない．事実，図補2-4の解釈は学生間に歴然とした市場価値の差の存在することを示唆している．この冷厳なる事実を抜きに，学生の就職行動を理解することはできない．

　そこでこの点を確認するために，表補2-2を理念型として提示する．各学生の就職市場価値は，日本の場合，本質的に出身大学によって概ね決まる．仮に全大学を一流大学，二流大学，その他大学と3分類したとき，学生総数は一流大の計がもっとも少なく，その他大学の計がもっとも多い．そして専攻分野と就職との関係は，同系統と異系統が選択肢として考えられる．さらに就職先を決定する際，学生側に本質的な裁量権があるか否かの問題がある．もし学生が一部上場企業を志願した場合，一流大出身者であれば自らの裁量で特定企業

を選択できるであろう．しかしその他の大学出身者であれば，やや不本意に選択せざるを得ないであろう．このとき，一流大出身者の大半は専攻分野と同系統職業を主体的に選択するであろう．ただ若干は異系統職業を志願するであろうが，裁量権があるのでその選択はやはり主体的に可能である．二流大出身者も大半が同系統職業につくが，彼らには裁量権が余りないため第一希望の企業とは限らない．また少数だが非主体的・異系統就職者が存在する．その他大学出身者になると，同系統就職者は少なくむしろ異系統就職者が多い．裁量権はほとんどないので，学生が選択するのではなく企業が選択するパターンであり，一流企業にこだわる限り専攻分野を生かしにくい．

　こうしてみると異系統就職者（一流大卒を除いて）は，モラールに乏しい不本意就職者という否定的イメージに映る．しかしこれは必ずしも事実に即していない．彼（彼女）らはそれなりに納得して就職しているのである．なぜならその多くは，すでに大学入学時に不本意入学をし，専攻分野自体が「見かけの専攻分野」だからである．「入りたい学部」よりも「入れる大学」という行動様式の，ひとつの結末である．この場合，就職の段階でいわば積極的な専攻分野離れが生じる可能性がある．実はここ数年の事務職の人気，教員の不人気，その他の新規な動向は，かかる「調整作用」のもたらしたものと考えられる．

4．求められるもの

　以上のようにみてくると，昭和33年から平成3年までの30年余りの間に高等教育機関が大きく様変わりしたことがわかる．もう少し正確にいえば，制度変革と学生層の多様化とのタイム・ラグによって両者のミス・マッチが生じ，旧来の学部教育はますます専門性が問われている．しかし本稿の流れからすれば，その専門性は深められるべきというより緩和されるべきである．今日多くの大学では，大学院の充実との連携もあり専門性を強化する道を模索しているように思われる．制度的タテマエ論はともかく，それはむしろ学生側の期待に反する場合もある．また主な需要者たる企業側の思惑とも余り合致していな

い．高等教育の大衆化が進展するなか，学部教育の教養教育化がもっと顧みられてもよい．米国のように大学間の転学が容易であればまだしも，日本のような閉鎖的制度のもとでしかも不本意入学者が多い現実からすれば，なおさらである．

ここでみてきた近年の動向，すなわち分野を問わない多彩な職種への就職パターンは，学生たちによる一種の自己処理過程と解するべきである．そしてそのプロセスを作りあげているもう一方の当事者は，いうまでもなく企業等の社会的需要者である．その意味で，問題はきわめて構造的である．したがって今，日本の高等教育機関は学生や企業などによって教育上の機能変容を迫られていると結論付けられる．

注）
1) 毎日新聞社編『就職のための会社研究・1961年度版』毎日新聞社，1960年．
2) とはいえ，指定校制度が水面下で機能しているとの指摘も絶えない．しかし公にはその制度が存在しないとされている以上，機会が開かれているとの前提で多くの学生は行動する．
3) 推薦依頼校22校の内訳は次のとおり．東大・一橋大・早大・慶大・小樽商大・東北大・成蹊大・東経大・横浜国大・名大・和歌山大・滋賀大・京大・神戸大・神戸商大・阪大・大阪市大・香川大・山口大・長崎大・大分大・九大．（『就職のための会社研究・1961年版』p.31）
4) 『ダイヤモンド1983就職ガイド』ダイヤモンド・ビッグ社，1982，p.1707.『ダイヤモンド・ビッグ社1987就職ガイド』1986，p.1484.
5) もちろん二流，三流企業や中小企業は学部指定を掲げるほど買手市場ではなく，したがって文，教育学部出身者に一般就職の機会が全くなかった訳ではない．
6) 塩谷喜雄「サイエンス・アイ」『日本経済新聞』1993年3月27日号．
7) ただし「他の専門職」に該当する保母になる者を含めればコンスタントであるといえる（「保母」名称は，1999年度から「保育士」に変更されている）．
8) 教員就職者が減る主たる原因は，教員需要の減少にある．昭和35年に対する平成3年の数値で比較すると，教育分野の大学生数で2.2倍なのに対し，小・中・高教員数は1.4倍でしかない．しかし教育分野出身の事務職進出者が，すべて教員需要減のあおりを受けた学生であるとはいえない．なぜなら彼（彼女）らの相当数はもともと積極的に事務職を志願する学生であり，教育分野以外の事務職志望者と本質的には同じだからである．

参考文献

※主として序章に関するもので，できるだけ新しいものを限定して列挙した。

島本慈子『ルポ・解雇』岩波書店，2003年
小杉礼子『フリーターという生き方』勁草書房，2003年
菊野一雄・八代充史編『雇用・就労変革の人的資源管理』中央経済社，2003年
波頭亮『若者のリアル』日本実業出版社，2003年
佐貫浩『新自由主義と教育改革』旬報社，2003年
宮本みち子『若者が《社会的弱者》に転落する』洋泉社，2002年
大久保幸夫編『新卒無業』東洋経済新報社，2002年
渡辺治ほか編『ポリティーク０４（特集・新自由主義国家とネオ・ナショナリズム）』旬報社，2002年
中野育男『学校から職業への迷走』専修大学出版局，2002年
玄田有史『仕事のなかの曖昧な不安』中央公論新社，2001年
井深雄二『現代日本の教育改革—教育の私事化と公共性の再建—』自治体研究社，2000年
児美川孝一郎『新自由主義と教育改革』ふきのとう書房，2000年
八代尚宏『雇用改革の時代』中央公論新社，1999年
日本経済団体連合会「若年者の職業観・就労意識の形成・向上のために—企業ができる具体的施策の提言—」2003年10月
日本私立大学連盟「就職委員会レポート・学生の豊かな人生のために」2003年
内閣府，『国民生活白書（平成15年版）（特集・デフレと生活—若年フリーターの現在—）』2003年
日本労働研究機構（厚生労働省監修）『労働経済白書（平成15年版）（特集・経済社会の変化と働き方の多様化）』2003年
日本経済調査協議会「21世紀の教育を考える—社会全体の教育力の向上に向けて—」2002年12月
日本私立大学協会「ゆたかな未来を求めて—就職指導要領—（平成13年度改訂版）」2001年
日本経済団体連合会『経済 Trend（特集・雇用の多様化と労働法制を考える）』2003年12月号
リクルート・ワークス研究所『Works（特集・新卒採用の新たな潮流）』No. 60，2003年
労働政策研究・研修機構『Business Labor Trend（特集・フリーター・若年無業

からの脱出)』2003年11月号
文部科学省高等教育局学生課『大学と学生（特集・就職）』No. 456，2002年
民主教育協会『IDE・現代の高等教育（特集・大卒就職構造の変化）』No. 437，
　　2002年
『現代思想（特集・教育の現在)』第30巻第5号，青土社，2002年
日本労働研究機構『日本労働研究雑誌（特集・若年雇用の未来)』No. 490，2001年

あとがき

本書は，これまで発表してきた論文のうち，若者の進学や就職にかかわる論稿あるいは企業社会と学校教育にかかわる論稿を編集整理し，あらたに最近の若者就職事情を俯瞰した1篇を加えたものである．以下に，各論文の原タイトルと初出誌を列挙しておく．

序章　書き下ろし
第1章　「R.コリンズの教育資格論について」(『教育学研究紀要』第37巻第1部，中国四国教育学会，1992)
第2章　「On the Formation of R.Collins' Theory」(『広島県立大学紀要』第4巻第1・2号，広島県立大学，1992)
第3章　「クレデンシャリズム理論から見た日本的教育資格」(『放送教育開発センター紀要』第9号，放送教育開発センター，1993)
第4章　「Japanese selection system as seen from the functional view of educational credentials」(『大学論集』第23集，広島大学大学教育研究センター，1994)
第5章　「戦後日本の学歴主義生成における企業本位的要因について」(『広島県立大学論集』第1巻第1号，広島県立大学，1997)
第6章　「社会的閉鎖理論から見た日本企業の採用行動」(『現代社会理論研究』第7号，現代社会理論研究会，1997)
第7章　「戦後教育における財界教育提言の意味」(『社会理論研究』第4号，社会理論学会，2003)
補論1　「大学進学行動試論——ソシオ・エコノミックスに依拠して」(『大学論集』第20集，広島大学大学教育研究センター，1991)
補論2　「大学生の就職行動にみる高等教育機関の機能的変容」(片岡徳雄編『現代学校教育の社会学』福村出版，1994)

本書では，原論文のタイトルを変更したほか，わかりやすさと簡潔さを心がけ内容の修正を行っている．あまりに詳細な記述は削除し，注の部分も大幅にカットした．数値もできるだけ最新のものに書き換えている．必要であれば，

原論文を参照いただければと思う．

　このような形でまとめることなど，もちろん当初より想定していたわけではなかった．遅々とではあるが，折に触れて淡々と書き溜めただけである．しかしこうしてまとめてみると，人間の関心は思いのほか同じところを巡っているものだと思う．若い頃から，教育と社会の接点を社会の側から眺めてみたいとの気持ちがあった．それは，教育が社会に影響され，ときに翻弄されるという意味からである．駆け出しの頃からマックス・ウェーバーに興味をもちつづけたのも，そのような思いからだと今にして思う．本書で扱った若者の就業行動の周辺は，実はその社会と教育のまぎれもない接点部分である．とてもグレーで，ファジーで，ひょっとすると液状化するかも，という世界である．それだけに，どの程度見通せたのか，心もとない気もする．願わくば著者のそうした情念のほとばしりの一端を，少しでも嗅ぎ取っていただければ望外の幸せである．

　ここに至るまで，多くの方々にお世話になった．新堀通也先生（広島大学名誉教授・武庫川女子大学教授）には，とかく教育からはみ出しそうな私のスタンスを大目に見ていただき，ただ感謝するばかりである．先生監訳のR.コリンズ著『資格社会』（有信堂高文社，1984）は，本書のテーマに通じるという点でも私にとっては貴重な文献であり，あらためて先生の慧眼に敬服するものである．片岡徳雄先生（広島大学名誉教授・土佐女子短期大学学長）には，学校現場のことについてのあれこれに接する機会を与えていただき，ともすれば理論に傾斜しがちな私に子どもや若者の視点を注入していただいた．若者の巣立ちにかかわるテーマを自分なりに考えることができたのも，この体験が大きいと思っている．そして喜多村和之先生（広島大学名誉教授・早稲田大学特任教授）には，一時期研究対象を絞りあぐねていた頃，高等教育研究の世界に引き込んでいただき，それがまた本書のテーマに結実したという意味合いからも，大変良いきっかけと刺激をいただいたと思う．このほか数え切れない先輩・同僚・後輩諸氏や文献等を通じての先達からの知的刺激に対しては，ここにあらためて

あとがき

謝意を表するものである．

　そして出版事情が厳しい中，本書の出版を快諾いただいた学文社の田中千津子社長には，殊のほかご芳情を賜わった．深甚なる御礼を申し上げる次第である．

　　2004年1月29日

　　　　　　　　　　　　　　　　　　　　　　　　　　河野　員博

索　引

あ　行

青田買い　21, 141
秋山哲　133
アファーマティブ・アクション　116
天野郁夫　33, 68
アレグザンダー，J.C.　57, 58
池田勇人（元首相）　133
石坂泰三　132
石田浩　65, 68
一般労働市場　19, 21〜23, 107
出光佐三　133
ウェーバー，M.　35, 44, 48, 56, 63, 64, 69
ヴェブレン，T.　150
宇沢弘文　149
梅谷俊一郎　154
エリート　86, 129, 135, 161, 163, 164
横断的労働市場　86, 108, 110, 138, 141

か　行

階層化　47
買手市場　19, 21, 28, 88, 89, 119, 123
学卒労働市場　19, 21, 22, 28, 107, 114
学歴インフレーション　26, 27, 33, 41, 42, 103, 108, 109
学歴主義　28, 96, 98, 100, 103, 109, 111, 112
学歴要件　26, 28, 46, 89
学校教育　83, 109, 110, 119, 124, 133, 136〜139
葛藤理論　27, 38〜40, 44, 47, 48, 70
ガルブレイス，J.K.　150
感情エネルギー　54, 55
完全失業率　2, 9, 19
機会喪失　96
企業社会　27, 28, 75, 80, 104
企業内教育　29, 107, 108, 110, 127, 136〜139, 141, 158
企業別労働組合　105
技術革新　39, 109, 110, 137
規制緩和　10, 16
ギデンズ，A.　9
機能主義　47, 57
教育過剰　33, 42, 64, 80, 94, 164
教育経済学　152, 154
教育資格　26, 27, 32, 33, 35〜42, 70〜75, 80〜91, 93, 94
教育政策　28, 129, 132, 134, 142
教育制度　72, 82, 85, 106, 123, 132〜135, 137, 138
教育提言　10, 11, 28, 129, 133, 135, 139, 142, 143
教育病理　134, 138
行政改革　10, 12
共通一次試験　160, 171
ギンタス，H.　123
クリムコウスキー，D.　65
久留島秀三郎　133
クレッケル，R.　123
クレデンシャリズム　27, 63〜65, 67〜69, 71〜75
経済審議会　92, 110, 133, 136, 137
経済団体連合会　11
経済同友会　11, 111, 129, 131, 133〜135, 138, 139
経団連　129, 131, 135, 142
ケインズ，J.M.　149
権力　48, 49, 70, 72, 123, 124, 150
交換価値　64, 97, 151, 159
高等教育　5, 11, 21, 36, 85, 89, 104, 110, 137, 141, 148, 160, 167, 170, 180
高度経済成長　2, 7, 28, 73, 98, 111, 129, 131, 133, 171
公民権運動　27, 51, 115
雇用要件　70, 73, 74, 88

187

雇用流動化　5, 13, 17～19, 23
コリンズ，R.　26, 27, 32, 34～42, 44, 47～59, 62, 64, 68, 70～73, 83, 85, 109, 114

さ 行

財界　10, 12, 15, 16, 22, 28, 110, 111, 127, 129, 132～143
サッチャー，M.(元首相)　9
サラリーマン　73, 91
サロー，L.C.　64, 83
産業界　134
ジェンクス，C.S.　51
資格社会　33, 62
仕事競争理論　83
指定校制度　22, 28, 35, 120, 169
社会的閉鎖　28, 114, 118～122, 125, 126
社会閉鎖　69～72
収益権力　124
収益率　65, 80, 96, 97, 154～158
就職活動　21, 23, 88, 92, 116, 119, 124, 168, 169
就職協定　8, 22, 23, 74, 107, 120, 124, 141, 142
終身雇用制度　2, 6, 20, 27, 29, 84, 117, 127, 136～138, 141, 165
使用価値　97, 151, 159
消費社会　97, 159
職業安定法　17, 107, 116, 117
職業観　21～23, 139
職業教育　21, 29, 65, 66, 106, 109～111, 132, 136, 137, 140～142
職業高校　140
職業資格　32, 66～68, 74, 106
職業選択　21, 22, 26, 29, 51, 170
新古典派経済学　29, 64, 124, 149, 150, 155, 159, 161, 165
新自由主義　9～11, 16, 19, 26, 135
新卒定期一括採用　19, 27, 28, 104～106, 108, 109, 111, 135, 137, 138, 141
人的資本論　35, 82, 96, 133, 154～157, 161, 164
スクリーニング　27, 28, 81, 83～85, 88, 96, 124, 157, 164, 165

スミス，A.　149
成果主義　19, 20, 23
正規労働者　5, 10, 23, 106
清家篤　22
政令改正諮問委員会　132
ゼネラリスト　120, 122
相互作用的儀式連鎖　53～56, 58
ソシオ・エコノミックス　29, 149, 159

た 行

ダーレンドルフ，R.　48, 50
大学紛争　133, 137, 169
田中博秀　106
男女雇用機会均等法　17, 116, 117, 119, 170
中央教育審議会　10, 133, 138, 139
デューゼンベリー，J.S.　150
デュルケム，E.　50, 55
統計的差別　90, 124
ドーア，R.P.　35
トロウ，M.　151, 161

な 行

直井優　69
中曽根康弘（元首相）　9, 134
西部邁　149, 150, 159
西村三郎　140
日経連　15, 16, 110, 129, 131～135, 139
日本経団連　16
二村一夫　105
ネオ・ウェーベリアン　27, 38, 56
年功序列　32, 86, 94, 118, 125
能力主義　10, 19, 28, 94, 103, 104, 110, 133, 138～140

は 行

パーキン，F.　69, 70, 114
バーグ，I.　35
パーソンズ，T.　47, 57
ハイエク，F.v.　9
パスロン，J.-C.　40, 124
バブル崩壊　2, 3, 7, 11, 101, 134
原安三郎　132

ハルゼー，A.　34～36
非正規労働者　17, 18, 23, 135
ファッセル，P.　35
不完全就労　93, 94
藤井丙午　133, 138
普通教育　106, 110, 111, 132
不本意入学　29, 91, 179, 180
フリーター　1, 2, 5, 6, 8, 19, 25
フリードマン，M.　9
フリーマン，R.B.　64
ブルーカラー　86, 104～106, 108, 122
ブルデュー，P.　33, 37, 38, 40, 64, 66, 68, 82, 124
文化市場　36, 37
文化資本　37, 40, 53, 55, 66, 71
ベッカー，G.S.　81, 125, 154
ベン゠デビッド　45
偏差値主義　111
ベンディックス，R.　44
ボードリヤール，J.　97, 159
ボールズ，S.　83, 157
ホッパー，E.　124
ホワイトカラー　86, 100, 104～106, 109

ま 行

マーフィー，R.　39, 40, 41, 69, 70, 72, 74, 114, 123
マコーミック，K.　65, 66
マコウスキー，M.　45

松下幸之助　133
マルクス主義　39, 40, 48, 57, 115
マルクス，K.　38, 44, 48
萬成博　74
ミスマッチ　8, 34, 141
御園生等　129
身分集団　26, 62, 72, 73, 81, 85, 86, 88, 94, 118
ミルズ，C.　35
モース，M.　159
諸井貫一　133
文部省　129, 134, 140, 142, 143

ら 行

ラディカル・エコノミックス　149
ラモン，M.　65, 66
ラロー，A.　65, 66
リッツァー，G.　50, 58
臨時教育審議会　11, 134
レーガン，R.（元大統領）　9
労働基準法　17, 22, 117, 118
労働市場　19, 33, 35, 47, 64, 65, 88, 90, 107, 123, 125, 135, 157
労働生産性　35, 39, 81～83, 89, 94, 96, 153, 154, 157
労働法制　16
労働力人口　2, 3, 18, 87
労務管理　10, 17, 18, 135, 139, 140

著者紹介

河野員博（こうの　かずひろ）
1949年　広島市生まれ
1980年　広島大学大学院教育学研究科博士課程後期中途退学
現　　在　広島県立大学教授
専　　攻　教育社会学，社会理論，現代日本社会論
主要著書　『教育社会学』（共著）福村出版，1989年
　　　　　『学校淘汰の研究』（共著）東信堂，1989年
　　　　　『現代学校教育の社会学』（共著）福村出版，1994年
　　　　　『新版・生活問題の社会学』（共著）学文社，2001年など。
訳　　書　『不就学のすすめ』（共訳）（P. Goodman）福村出版，1979年

E-mail　zx6k-kun@asahi-net.or.jp

現代若者の就業行動──その理論と実践

2004年3月10日　第1版第1刷発行

　　　　　　　　　　　　　　著　者　河　野　員　博
　　　　　　　　　　　　　　発行所　株式会社　学　文　社
　　　　　　　　　　　　　　発行者　田　中　千津子

　　　　　　　　　　〒153-0064　東京都目黒区下目黒3-6-1
ISBN 4-7620-1308-0　　　Tel. 03-3715-1501　Fax. 03-3715-2012

　　©2004 KONO Kazuhiro　Printed in Japan
　　乱丁・落丁本は，本社にてお取替致します。　　http://www.gakubunsha.com
　　定価は，カバー，売上カードに表示してあります。　〈検印省略〉印刷／シナノ印刷㈱